Elmar Perkmann

*Schloss Prösels lebt!*

2. verbesserte Auflage

Aktuelle Informationen über Öffnungszeiten, Veranstaltungen, Führungen, Ausstellungen, Anfahrt, Verbindungen und Kontaktdaten erhalten Sie auf der Homepage des Schlosses:

**http://www.schloss-proesels.it**

Schloss Prösels
Prösels 21 I – 39050 Völs am Schlern
Telefon: 0039 0471 601062 – Fax: 0039 0471 601010
E-Mail: info@schloss-proesels.it

Impressum der 2. Auflage:

2016
© Elmar Perkmann
www.elmar-perkmann.eu

Herstellung und Verlag: BoD - Books on Demand, Norderstedt

Alle Rechte, insbesondere die der Übersetzung, des Nachdrucks, des Vortrages, der Entnahme von Abbildungen, der Funksendungen, der Wiedergabe auf photomechanischem oder ähnlichem Wege und der Speicherung in Datenverarbeitungsanlagen bleiben, auch bei nur auszugsweiser Verwendung, vorbehalten.

ISBN: 978-37-4314-030-1

Elmar Perkmann

# *Schloss Prösels lebt!*

*Leonhard von Völs, sein Schloss und seine Zeit.*

Geschichte und Geschichten
in Sachtexten und literarischen Bildern

2. Auflage

# Inhalt

Willkommen im Schloss! .............................................. 6
Schloss meiner Kindheit............................................. 8
Historische Anfänge................................................... 10
Die Velser .................................................................. 21
Die neue Zeit ............................................................. 24
Leonhards Steckbrief. Ein Versuch............................. 46
Leonhard von Völs. Biographische Daten .................... 49
Die Burganlage; ein Rundgang ................................... 53
Abgaben an das Schloss ............................................ 117
Das Tiroler Münzsystem 1486 ................................... 121
Die Hexenprozesse 1506 und 1510............................ 125
Die „Hexenpest" im Velser Gericht ............................. 127
Mein lieber Freund .................................................... 131
Im Verließ ................................................................. 137
Grundzüge der Heraldik (Wappenkunde). Ein Exkurs...... 147
Die Herren von Völs und ihre Wappen ........................ 153
Beschwerdebrief der Völser Bauern............................ 158
Leonhards des Älteren Tod ........................................ 162
Leonhard der Jüngere ............................................... 165
Spätere Baugeschichte .............................................. 168
Das Kuratorium......................................................... 171
Bibliographie............................................................. 176
Anmerkungen zum verwendeten Bildmaterial.............. 177

## Willkommen zur zweiten Auflage!

Wenn ich auf meine Terrasse trete und auf Schlern, Hammerwand und Tschafon blicke, wandern meine Augen unwillkürlich weiter, um schlussendlich beim Schloss zu verweilen, „meinem Schloss", das im späten Schein des Abendlichts zu geheimnisvollem Leben erwacht und Geschichte zu erzählen weiß, Geschichten, hört und spürt man nur achtsam genug hin.

So sind im Lauf der Jahre Texte entstanden, die auch nicht vor dem düstersten Kapitel des Schlosses, dem der Völser Hexenprozesse, die dort um 1506 und 1510 abgehalten wurden, Halt machen wollten.

Historische Quellen und Fachliteratur bilden das Rückgrat dieses Bändchens, in dem es um das wechselvolle Schicksal des Schlosses, seiner Bewohner und der in der Grundherrschaft der Freiherren von Völs-Colonna lebenden Menschen geht. Der zeitliche Fokus dieser Arbeit liegt auf dem Ende des 15./Anfang des 16. Jahrhunderts, einer Epoche globalen Umbruchs im Schnittpunkt zwischen Mittelalter und anbrechender Neuzeit, in der Schloss Prösels unter Leonhard dem Älteren eine in seiner Bedeutung weit über die lokalen Gerichtsgrenzen hinaus reichende Blütezeit erfuhr.

Ich möchte Sie, lieber Leser, liebe Leserin, an die Menschen der Völser Vergangenheit heran führen und Sie vertraut machen mit den Bedingungen, in die sie hineingeboren wurden und die den Radius ihres Handelns und Denkens ausmachten. Die Personen, die *in grau unterlegten* literarischen Texten agieren, sind geschichtlich belegt und lebten in der Zeit Leonhards des Älteren von Völs. Ihre Charaktermerkmale hingen sind typisiert und in den historischen Umständen verortet.

In seiner zweiten Auflage präsentiert sich das Bändchen nun bei im Wesentlichen beibehaltenen Inhalten mit einigen Aktualisierungen und thematischen Anpassungen, die auch durch die jüngsten archäologischen Grabungen erforderlich geworden sind.

Ich habe vielen Menschen zu danken, die mir bei der Erstellung dieser Broschüre hilfreich zur Seite gestanden sind: Den zahlreichen Autoren wissenschaftlicher Publikationen, die mein geistiges Räderwerk im Hintergrund speisten und immer noch am Laufen halten; Michl Rabensteiner, dem Kustos auf Prösels, der mir so oft bereitwillig Zutritt zu den Räumen des Schlosses ermöglichte. Die Gespräche mit ihm waren jedes Mal aufs Neue aufschlussreich. Michl ist nun mit Ende November 2016 in Rente gegangen. Seinem Nachfolger, Herrn Georg Grote, der mit seiner Frau und den beiden Töchtern aus einem akademischen Umfeld in Dublin, Irland nach Völs gezogen ist und nun das Schloss bewohnt, wünschen wir bei seinen Vorhaben und innovativen Schwerpunktsetzungen alles Gute.

Und da sind noch andere Menschen, die ich nicht alle namentlich aufzählen kann. Sie mögen mir das nachsehen. Allen sei herzlich gedankt, auch denen, die mit freundlichem Echo auf die erste Auflage antworteten.

*Elmar Perkmann*

## Schloss meiner Kindheit

Der Weg ist breiter geworden, fast möchte man sagen: feudaler; doch wohl weniger von den vielen Besuchern, die ihn auf ihrem steten Fluss zum und vom Eingang verbreitert hätten, – sozusagen erodiert, sondern wohl deshalb, weil das Kuratorium und „der Michl", der rührige Kustos, viel Zeit für Pflege und Verschönerung der Schlossanlage verwenden und keine Mühe scheuen, diese und das Verweilen im Schloss für die Besucher so angenehm – und spannend! – wie möglich zu gestalten. Dafür sorgen auch die fachlich und führungspädagogisch versierten „Guides", die sich auf Ihr Interesse – und auf Ihre Fragen – freuen.

Und nun stehe ich am Tor, das eine schmiedeeiserne Metallplatte ziert, hinter der man ein kompliziertes Schloss vermutet, eins mit einem bizarren Mechanismus aus einer anderen Zeit. Die niedere Pforte, an der man sich trotz Bückens, trotz der eingeschränkten Ausmaße des kindlichen Körpers den Kopf stieß, wie immer man es auch anstellen mochte, gebannt, mit angehaltenem Atem der Enthüllungen harrend, die sich jenseits der trutzigen Barriere eröffnen würden ...

Märchen der Kindheit, und wir standen vor dem mächtigen Gemäuer des Torturms und blickten mit leichtem Schaudern empor zu den abweisenden Pechnasen, lauschten dabei den Worten des Vaters, der zu erzählen begann, während wir auf den Schlossherrn warteten.

Wie lebendig es in mir wird, das Schloss meiner Kindheit, wenn mein Sohn mit offenem Mund die Turnierszenen über der Loggia bestaunt; und ich sehe mit Schmunzeln und nicht ohne Wehmut, wie sich seine kleine Faust um den Stock ballt, den er mit nach drinnen in die Vergangenheit genommen hat.

*Zugangsseite mit dem ausladenden Palas*

## Historische Anfänge

Erstmals schriftlich erwähnt wird nach gegenwärtiger Quellenlage eine mittelalterliche Wehrburg (CASTRUM PRESIL) in einer Urkunde aus dem Jahre 1279. Die in einer älteren Urkunde von 1244 als Burg IN CASTRO MONTIS SANCTI VALENTINI erwähnte Anlage dürfte jedoch mit ihr identisch sein.

Der Einsturz einer Mauer im Jahr 2011 hat den eingeebneten Torso eines Turms aus romanischer Zeit (1100) freigelegt. In diesen Wochen und Monaten (Stand: 2013) wird in diesem Bereich, der quasi endoskopische Einblicke in eine Wehranlage aus archaischer Zeit gewährt, gegraben. Gerade bei meinem heutigen Besuch (März 2013) hat eine Archäologin eine Münze gefunden, die aus dieser frühen Zeitperiode stammen dürfte. Wir warten gespannt auf die neuen Forschungsergebnisse. Zurzeit müssen wir uns noch mit einigen Lücken abfinden und mit Hypothesen zufrieden geben.

Eine erste Erwähnung findet das Geschlecht der Herren von Völs, die sich nach der Ortschaft benannten, in Schenkungsurkunden (Höfe auf dem Berg „Velles") eines Wernher und seines Bruders Pankratius sowie eines Nachkommen, Heinrich, zwischen 1125 und 1190.

Die Herren von Völs, die einmal diese damals noch schlichte Burg in Prösels erwerben und bewohnen werden, dienten zunächst den Bischöfen von Brixen als Ministerialen und verwalteten nach 1027 auch die kaiserliche Schenkung des Völser Territoriums. In diesem Zusammenhang zogen die Völser Ministerialen wohl aufgrund strategischer Überlegungen von Völs (heute Turmwirt, wo ihr ursprünglicher Sitz gewesen sein dürfte; ein „TURRI DE VELLES" scheint 1244, ein „CASTRUM DE VELS 1248 auf; weitere Erwähnungen gibt es für 1310, 1317, 1318, 1350, 1351, 1354, 1374, 1400. Eine Präsenz der Edlen von Vels belegt u.a. eine Urkunde, die besagt, dass ein Rendel bzw. Randolt von Fels 1351 seinen Anteil am dortigen Turm verkaufte) nach Prösels, von wo aus sie den südlichen Zugang zum „Hochplateau" wohl effektiver kontrollieren zu können glaubten. 1304 scheinen mehrere Angehörige der Fami-

*Burgartiger Aufbau von Völs*

*Der im Hotel zum Turm verbaute alte Völser Wehrturm*

*Kinderspielplatz in Völs am Peterbühl „beim Galgen"*

lie im „CASTRO DE BRESLE" auf. Heißt das, dass einige Mitglieder der Dynastie weiterhin in Völs, andere in Prösels wohnten? Vielleicht bedeutet die gleichzeitige Anwesenheit mehrerer Adelsgeschlechter (abgesehen von den Völsern waren die Altspaur bis 1400 gleichzeitig mit den Pranger und denen von Gufidaun über drei Generationen lang in Besitz des Gerichtes „Vells"), dass die ominöse Burg Völs unter mehreren Besitzern aufgeteilt war und demnach wohl mehr als einen bloßen Turm umfasste. Darauf weisen auch einige Quellen hin, (1248: Burg in Völs, 1310: Schloss Völs, 1310: Castrum in Vellis, 1317: Schloss und Gericht Völs, 1318: Veste und Gericht Völs, 1350: Schloss Völs, 1374: Feste Fels).

Im Volksmund trägt, trug? ein Platz unterhalb des Peterbühls die Bezeichnung „Galgen". Dort trafen wir uns als Kinder am Nachmittag nach der Schule, ohne um die schaurige Bedeutung dieses Namens zu wissen. Auch unsere Eltern benutzten diesen ja wirklich nicht eben positiv besetzten Begriff in rein topographischem Sinn und schienen sich nichts weiter dabei zu denken. Das mag ein Hin-

*Prösler Tor nach Süden im Haus an der Porten*

*Durchgang beim „Waschtl-Haus"*

weis auf eine über die Jahrhunderte tradierte und im Volksgeist verankerte Erinnerung an ein Gericht sein, das hier bestanden hat und seinen Verwaltungssitz im Turm, der im jetzigen Romantikhotel „Turm" verbaut ist, womöglich zusammen mit einer kleinen Burg, gehabt haben könnte. Dass Völs Sitz eines Adelsgeschlechtes gewesen ist, darauf lässt schon die wehrtechnische Verbauung des Ortskerns schließen, der bis heute eine geschlossene, burgartige Anlage aufweist, die durch drei, vielleicht sogar vier Tore abgesichert war. Zwei davon sind noch erhalten. Der Durchgang „an der Porten", dem Prösler-Tor, das 1302 als PORTA NOVA Erwähnung findet, lässt noch doppelte Türangeln erkennen. Es gab also gleich zwei Tore, die „in der Porten" nach Süden und nach Norden verschlossen werden konnten – eine äußerst martialische Einkapselung, die ein einzelner freistehender Turm nicht nötig gehabt hätte. Als Kinder benutzten wir ganz selbstverständlich die alte Bezeichnung, wenn wir „bei der Port oi" gingen.

## Vom Zalterbühel über Völs nach Prösels

Die Herren von Völs bewohnten nun die beiden Türme und den schmalen Palas, der ursprünglich den Edlen von Pranger, einem der Völser Adelsgeschlechter neben den Edlen von Schenkenberg, den Herren von Tiers-Velseck, den Frass und den später in Erscheinung tretenden Khuepachern – zumindest zeitweilig – gehört haben dürfte. 1389 erscheint der Pranger'sche Anteil an dieser Feste jedenfalls als von ihnen endgültig abgelöst und fest in den Händen derer von Völs.

Den Blick nach Norden und Westen garantierte der aus dem 12. Jahrhundert stammende so genannte „Pulverturm", der entweder als Zwischenstation vor Bezug der Burg Prösels Verwendung fand, oder aber gleichzeitig mit den Türmen auf dem Valentinshügelchen bewohnt wurde. In diesem Fall wären die Herren von Völs bis etwa 1400 auf gleich drei Wohnsitze verteilt gewesen.

Eine andere Quelle will den Stammsitz des Geschlechtes derer von Völs auf dem Zalterbühel ober dem Mioler-Hof in der Nähe des Gasthauses „Faust" im Prösler Ried wissen (Mairhofer Th. im Urkundenbuch des Neustifter Chorherrenstiftes, zitiert von Anselm Sparber). Diesen Hinweisen wurde meines Wissens nicht weiter nachgegangen, da es sich bei der erwähnten Lage um einen in strategischer Hinsicht äußerst unattraktiven Platz handelt und die Ur-

*Hans Velser, Großvater des Leonhard*

kunde von 1302, auf die Bezug genommen wird, verschollen ist. Andererseits: Von irgendwo müssen sie ja gekommen sein, die späteren Freiherrn von Völs. Warum nicht von einer Behausung auf einem Hügel über Miol?

Eigentlich waren ja die Bischöfe von Trient und Brixen die kaiserlichen Lehensträger des Landes an der Etsch und im Gebirge, der späteren Grafschaft Tirol. Im Kampf der Tiroler Grafen, die die Machtverhältnisse zu ihren Gunsten verschieben wollten, mit dem Brixner Bischof stellte sich Reimbert von Vels, Brixner Stiftsministeriale und insofern Vasall des Bischofs, auf die gegnerische Seite und wird fortan als Lehensmann der Tiroler Grafen geführt. Graf Albert belehnte ihn zum Dank für seine „Treue" mit einem Bozner Markrecht, drei Höfen und einer ansehnlichen Geldsumme. Ab jetzt bestand eine starke Bindung der Völser an die Tiroler Landesfürsten. Und wir haben schon einmal Bekanntschaft gemacht mit einem ihrer frühen querköpfigen Vertreter.

*Siegel des Kaspar Velser, Leonhards Vater*

*„turn gelegen zu Vells"* – *Kaufurkunde des Bischofs Ulrich von Brixen*

*Pulverturm, Sicht von Prösels*

Den damaligen unruhigen Zeiten (Konflikt zwischen Welfen und Staufern, Kreuzzüge, Wirren in Italien, Spannungen zwischen Kaiser und Papst) scheint der eben genannte Pulverturm, der „Turm ober der Feste", oberhalb des Schlosses, sein Entstehen zu verdanken, der den Herren von Völs nun, wie bereits angemerkt, neben den beiden Türmen auf dem Valentinshügel mit der uralten Kapelle, dem Sitz des späteren Schlosses, eine Zeitlang als wohl wenig komfortabler Wohnsitz gedient haben mag. Die beiden ungeschlachten Türme auf dem Valentinshügel sind seit dem gegen 1518 abgeschlossenen Umbau in den Burgkomplex integriert, der eine davon nur mehr in seinem unteren Abschnitt, der Turm selbst ist 1835 eingestürzt und wurde eingeebnet – davon mehr im Kapitel über die einzelnen Abschnitte des Burgkomplexes. Jedenfalls, wenn Sie auf der Plattform vor der Kapelle stehen und den herrlichen Rundblick genießen, stehen Sie auf dem ältesten Teil des Schlosses.

## Aber zurück zur Geschichte

Zu einem Ende der kriegerischen Auseinandersetzungen kam es erst dreißig Jahre später, 1256, durch den von Meinhard I. von Görz-Tirol vermittelten Landfrieden zwischen den aufrührerischen Ministerialen und Bischof Bruno von Brixen. Die Völser wurden für ihren Parteiwechsel u.a. durch die Übergabe der bisher von ihnen als Vögte beanspruchten Frauenpfarre zu Völs an das Kloster Neustift abgestraft.

Die Bischöfe büßten im Verlauf des 13. Jahrhunderts ihren Einfluss fast vollständig ein. Ihr machtpolitisches Erbe traten durch die Heirat von Adelheid, einer der beiden Töchter des letzten Tiroler Grafen mit Meinhard von Görz, die nunmehrigen Grafen von Görz-Tirol an, an die die Herrschaft überging, nachdem 1253 die Tiroler Linie mit Albert III. im männlichen Stamm erloschen war.

Margarete von Tirol genannt Maultasch übergab dann am 26. Jänner 1363 (Sie sehen, das ist für uns Tiroler ein wichtiges Datum) die Grafschaft Tirol mit Billigung ihrer Räte an Rudolf IV. von Habsburg. Tirol war nun österreichisch geworden und blieb es bis zum Ende des Ersten Weltkrieges. Dann wurde unsere Heimat, das südliche Tirol, im Zuge der Friedensverhandlungen von St. Germain en Laye an Italien angegliedert.

Folgen wir den Spuren der frühen Völser Herren müssen wir bedauernd feststellen, dass aufgrund von Namensgleichheiten und wegen der dürftigen Quellenlage eine korrekte genealogische Abfolge der Herren von Völs in ihrer frühen Phase schwer rekonstruierbar ist (siehe Bruno Mahlknecht im Völser Dorfbuch). Belegt ist am äußersten Ende des „Geschlechterfadens" das Wirken eines Wernher von Völs, geboren ca. 1100, der auf seinem Gutshof PRAEDIUM PRAESUL(IS) in der Nähe der nachmaligen Burg Prösels (wohl der heutige Baumannhof) die Güter des Brixner Domkapitels verwaltete. Sein Verwaltungsgebiet erstreckte sich über die heutigen Völser Fraktionen von Aicha und St. Kathrein bis nach Tiers, Steinegg und Welschnofen. Nach Wernhers Tod scheint es eine Besitzteilung innerhalb der Familie gegeben zu haben: Reginhard und sein Sohn

*Schenkenberg und Prösels. Zeichnung von Johanna v. Isser, 1837*

Reimbrecht erhielten den bischöflichen Gutshof in Prösels mit den umliegenden Gütern. Damals entstanden auf dem Hochplateau mehrere Wehrburgen, unter anderen Völseck und Schenkenberg:

Die Burg **Schenkenberg**, aus einem unteren und aus einem oberen Haus bestehend, erbaut von Wernher von Völs in der ersten Hälfte des dreizehnten Jahrhunderts, wurde in den ihrem weitum angesehenen Erbauer folgenden Jahrzehnten und Jahrhunderten nach und nach abgewirtschaftet. Nachdem das Geschlecht der Schenkenberger auch in der weiblichen Linie erloschen war, fielen der „Turm und das Gericht Schenkenberg" 1501 an die Herren von Prösels, will heißen, an unseren Leonhard.

Die Herren von Schenkenberg übten den Ehrendienst der Mundschenken am fürstbischöflichen Hof in Brixen aus; von daher erhielt die Burg ihren Namen. Von der ehemaligen Burg ist nichts mehr erhalten; nur der Hof „Schenk", der wohl an der Stelle des ehemaligen „unteren Hauses" steht, rührt an vergangene Zeiten. Die Hofstelle können Sie mit etwas Mühe ein paar hundert Meter nördlich des Schlosses, also Richtung und unterhalb von Ums, in einer kleinen Senke an unspektakulärer Stelle ausmachen. Trotzdem verfügte Schenkenberg über einen erstaunlichen feudalen Machtbereich, so übte es die niedere Gerichtsbarkeit im Gebiet aus und bezog Einkünfte aus Höfen in Ums, Aicha, Prösels, Ober- und Untervöls und St. Konstantin. Drei Höfe waren zu Robot, mehrere Güter bis nach Fassa zu Zinsleistungen verpflichtet.

Es folgen genealogische und besitzrechtliche Zersplitterungen und Verästelungen mit Verkauf und Rückkauf von Anteilen der Besitzungen sowie stetiger Erb- und Besitzteilung.

Das Geschlecht der Herren von Prösels drohte einige Male nachgerade zu erlöschen; da kam dann um 1430 doch noch unerwartet ein Stammhalterchen mit dem lustigen Namen Kaspar (Velser) zur Welt, der, erst einmal erwachsen geworden, Dorothea von Weineck, eine entfernte Anverwandte aus der Linie der Völsecker, ehelichte. Aus dieser Ehe entsprossen drei Söhne und drei Töchter.

Und einer der drei Söhne ist „unser" Leonhard, den man später zur Unterscheidung von seinem Neffen „den Älteren" nennen wird. Als enger Freund des Kaisers und Landeshauptmann an der Etsch und im Gebirge war er ein bedeutender Mann und das Aushängeschild der gesamten Völser Adelsdynastie. Dieser Herr, der Schloss Prösels zu der Prunkfeste im Renaissancestil umbauen und erweitern ließ, wie wir sie heute bewundern können, wird uns im Folgenden ausgiebig beschäftigen.

*Schenkhof an der Stelle der ehemaligen Burg Schenkenberg*

Pulverturm von der Oberen Wehr aus gesehen

## Die Velser

Die Herren von Völs-Colonna,
ihre zugigen Wohntürme
und der Ausbau ihres Schlosses
unter Leonhard dem Älteren,
dem Landeshauptmann an der Etsch und im Gebirge

*Federzeichnung von Paul Pfann aus Nürnberg vom 28.5.1881*

## *Praedium Praesulis – Presls – Prösels*

Sehr geehrte Herren, verehrte Damen, wenn Sie nach links schauen, fällt Ihr Auge zwangsläufig auf jenen stattlichen Hof dort, ja dort. Es ist dies einer der Gutshöfe der Brixner Fürstbischöfe. Der Reiter, der da gerade des Wegs kommt, ist Herr Wernher, der für seinen Bischof und das Domkapitel hier die Geschäfte besorgt. Machen Sie ruhig ein Foto von ihm! Er liebt es, konterfeit zu werden. Er ist nämlich nicht ohne Ambitionen, und seine Familie wird im Lauf der nächsten Jahrhunderte einiges Furore machen. Übrigens, der Junge, der seinem Vater entgegenläuft – hoppla! nun ist er über seinen Rock gestolpert, der Kleine! – ist Reginhard, der Älteste. Er wird einmal diesen Gutshof zugesprochen bekommen, des Weiteren alle bischöflichen Güter in Prösels, Aicha und St. Kathrein. Aber, so weit sind wir noch nicht.

Die kleine Kirche auf der Kuppe dort – Sie sehen sie, meine Dame, dort hinten, wenn Sie ein paar Schritte zur Seite treten, – ist St. Valentin, dem Patron der Liebenden, Reisenden, Bienenzüchter und Epileptiker geweiht. Ein späterer Velser, der uns auf unserer Reise noch weiter beschäftigen wird, Leonhard mit Namen, quartierte den Heiligen kurzerhand aus dem Burgkomplex aus bzw. setzte ihm die hl. Anna zur Seite, wodurch der alte Räterbischof seine angestammte Reputation einbüßte und in der nunmehrigen Schlosskapelle zur zweiten Größe degradiert wurde. Kann man nichts machen. Ein Komplex von besagtem Nachfahren, Herrn Leonhard von Vels, der nicht mit Epileptikern assoziiert werden wollte.

Die anderen Kinder unseres Wernher werden Tiers, Steinegg und Welschnofen erhalten und sich Herren von Velseck, Herren zu Steinegg und Edle von Schenkenberg nennen, von denen die Schenkenberger sich nicht nur durch überquellenden Kinderreichtum hervortun werden, sondern auch durch das Ehrenamt des Mundschenken ihres bischöflichen Herrn. Ja, in diesen gar nicht so leichten Zeiten, in diesem Jahr 1220 – die Ungarn fallen immer wieder im Osten ein, wie Sie sicher in der Zeitung gelesen haben, ganz zu schweigen von der Ungeheuerlichkeit, dass ein Enkel unseres munteren Herrn Reimbert sich hier mit dem Grafen Albert von Tirol gegen seinen eigenen Lehnsherrn, den Bischof von Brixen, verbündet – ist es nicht verwunderlich, dass sich die genannten Herrn ihre Festungen bauen, zum Beispiel auch den etwas vierschrötigen Bergfried dort, der Pulverturm, der manchem Ästheten unter Ihnen ein Dorn im Auge sein mag. Aber: Es sind harte Zeiten, jedenfalls solche, in denen es um Zweckmäßigkeit geht, weniger um architektonische Extravaganz. Nichts für den in der Zukunft operierenden Hundertwasser mit seinen spleenigen Ideen. Die beiden Türme auf dem Valentinshügelchen, der „viereggete" und der rechteckige, sind Wohntürme der Velser zu Presls. Ein bisschen spartanisch der ganze Komplex, meinen Sie? Je nun: andere Zeiten, und man ist offensichtlich mehr aufs Überleben bedacht als auf standesgemäßen Komfort. Aus diesem Ensemble wird dann viel später das Schloss entstehen, so viel darf ich Ihnen bereits jetzt verraten. Und das Valentinskirchlein wird gleich mit in den Komplex integriert.

Zurück zu unserem Konflikt zwischen dem Tiroler Grafen Albert und dem Bischof von Brixen: Es wird nach heftiger Fehde Frieden mit dem Bischof geschlossen, und ab jetzt besteht eine enge Abhängigkeit der Velser zur Grafschaft Tirol.

## Die neue Zeit

Es scheint so, als würde sich die Zeit auf ihrer Achse mitunter verdichten, als sei sie eine Zeitlang schwanger gegangen und würde dann explosionsartig gebären.

So geschehen rings um den Jahrhundertwechsel um 1500, der nicht grundlos als eine Zeit des Umbruchs gilt, die eine neue Zeit einläutete. Alle 100 Jahre, im Besonderen alle 500 Jahre, war Stress angesagt. Ist es schon wieder soweit? Wird Gott der Allmächtige ein weiteres Jahrhundert genehmigen?

Das Mittelalter war zu Ende, die Neuzeit begann!

Was war denn damals Besonderes geschehen, dass nachgeborene Historiker dieser Epoche eine bahnbrechende Bedeutung zuschreiben wollen?

Die Entdeckung Amerikas, sagen Sie und stellen damit Allgemeinbildung unter Beweis. 1492, Kolumbus! Und Ihr Nachbar, vielleicht ist es auch Ihre Frau, ergänzt: 1453, Ende des Oströmischen Reiches.

*Die mittelalterliche Vorstellung von der „Erdscheibe" und dem darüber gewölbten Himmel. Ein Wanderer durchbricht das Himmelsgewölbe und erblickt die Räder, die die Gestirne antreiben*

Um unser Völs, unseren Leonhard in die Zeit einzubetten, in der Schloss Prösels und seine Bewohner – und die vielen anderen, die keinen Zutritt zu diesen Räumen hatten – ihre Blütezeit erlebten, greifen wir eine kleine Auswahl an „Wichtigkeiten" heraus, die der Zeit Farbe gaben und unsere Erde in Drehung versetzten – hätte sie sich denn damals wirklich noch nicht gedreht, wovon viele, vor allem auch die Kirche, überzeugt waren ... Galileis legendäres „Eppure si muove!" – und das erfolgte, wenn es überhaupt erfolgte, 100 Jahre später! – hätte ihn beinahe aufs Schafott gebracht.

Es folgen ein paar Namen und Ereignisse, die die dichte Atmosphäre jener Zeit illustrieren. Die Liste ist natürlich unvollständig, sehen Sie mir das nach.

- Um 1445: Erfindung des Buchdrucks
- Reconquista: Eroberung von Granada, sukzessive Verdrängung der Mauren von der Iberischen Halbinsel
- 1453: Fall von Konstantinopel, Ende des Oströmischen Reiches, Vormarsch der Türken
- Kopernikus entwickelt das heliozentrische Weltbild
- Alhambra-Edikt, 1492, Vertreibung aller Juden aus Spanien
- 1492: Beginn der Entdeckung, Eroberung, Besiedlung und Ausbeutung der Neuen Welt
- 1492: Martin Behaim entwirft den ersten Globus
- 1500 bis 1503 tritt die Pest verstärkt in ganz Europa auf. Sie verbreitet sich entlang der Handels- und Pilgerwege. In manchen Städten stirbt die Hälfte der Einwohner
- 1506 und 1510: Hexenprozesse in Völs
- 1517: Martin Luther verfasst die 95 Thesen, Beginn der Reformation
- 1525: Bauernaufstände

- Mantegna                      1431–1506
- Bellini                           1437–1516
- Bramante                     1444–1514
- Botticelli                       1444–1510
- Perugino                      1448–1523
- Lorenzo de Medici (il Magnifico) 1449–1492

- Leonardo da Vinci          1452–1519
- Hans Holbein der Ältere    1465–1524
- Erasmus von Rotterdam      1469–1536
- Albrecht Dürer             1471–1528
- L. Cranach d.Ä.            1472–1553
- Martin Waldseemüller       1472–1520
- Kopernikus                 1473–1543
- Michelangelo               1475–1564
- Tizian                     1477–1490
- Götz von Berlichingen      1480–1562
- Franz von Sickingen        1481–1523
- Raffael                    1483–1520
- Luther                     1483–1546
- Paracelsus                 1493–1541
- H. Holbein d.J.            1497–1543
- B. Cellini                 1500–1571
- Nostradamus                1503–1566

Und und und.

Haben wir wen Wichtigen vergessen? Tatsächlich!
- **Maximilian I., seit 1508 Römischer Kaiser; er stirbt 1519**
- **Und unseren Leonhard d. Ä. von Völs, 1458–1530**

Es ist die Zeit der Borgia und der Mailänder Sforza, der Gonzaga, Farnese. Zeit des Humanismus und der Renaissance. Die alten Römer und die Griechen feiern Urständ, die katholische Religion droht nach 1000 Jahren absoluter Herrschaft bedrohlich an Einfluss zu verlieren, es werden kritische Stimmen laut. Andererseits gibt es das Business mit den Ablässen für das gigantomanische Vorhaben Julius II., dem Bau der neuen Peterskirche. Der Handel mit Leichenteilen Hingerichteter für Prosperität im Stall, für alle möglichen Heilpraktiken und als Accessoires für die unentbehrliche Zauberei hat Hochkonjunktur. Es besteht ein schwungvolles Geschäft mit Reliquien, sagen wir mit Skelettfragmenten, die als Reliquien in Monstranzen und in wertvollen Schreinen zur Schau gestellt werden. Damit lässt sich echt viel Geld verdienen! Man sollte in Reliquien investieren.

*Europa am Ende des 15. Jahrhunderts*

Und es grassieren Hexenprozesse in ganz Europa. Die „Kleine Eiszeit" mit Ernteausfällen sucht nach Verursacherinnen. Wahrsager und Astrologen werden konsultiert, es ist ja Jahrhundertwende, sogar am kaiserlichen Hof, wo Maximilian einer „währsagerin" „aus Gnade" einen Gulden reichen lässt.

In den Jahren von 1500 bis 1503 sucht eine heftige Pestwelle ganz Europa heim. Der Lepra und der Cholera fallen Tausende zum Opfer. Immer wieder vernichten Heuschreckenschwärme die Ernten und hinterlassen ein kahlgefressenes Land voller stinkender Exkremente. Und billiges Silber zu Dumpingpreisen aus der Neuen Welt ruiniert den traditionsreichen Tiroler Bergbau.

Die Entdeckung eines bislang unbekannten Kontinents und neuer Länder bricht das „holistische" biblische Weltbild auf. Und es scheint sogar nicht mehr sicher, dass sich Jerusalem im Zentrum der Welt befindet. Manche munkeln, die Erde drehe sich um die Sonne – und nicht umgekehrt.

*Schwäbischer Bund – Schweizerkrieg 1499*

Wie man sieht, ist die Zeit um 1500 wirklich „intensiv" – und voller Widersprüche. Und voller Gewalt: Frankreich versucht sich mehrmals Italien anzueignen und steht in Konflikt mit Maximilian, der das reiche Mailand für sich haben will. Spanien besetzt Süditalien, die Schweizer kämpfen sich aus dem Habsburgerreich, Venedig will partout Richtung Festland expandieren, im Osten drohen Türkeneinfälle. Und da ist die „Bayrische Fehde", der Landshuter Erbfolgekrieg, bei dem der berühmte Götz von Berlichingen seine Hand verliert (die organische, die eiserne war das Ersatzstück) und der dem Vermittler Maximilian für seine königlichen Dienste Kufstein („Kopfstain"), beschert, Kitzbühel und Rattenberg. Eine fürstliche Entlohnung für die Tätigkeit eines Mediators!

Das sind lediglich große Linien, die zueinander mit wechselnden Allianzen in unglaublicher Verstrickung und Verflechtung standen. Maximilian, der König, der Kaiser, mischte auf der Weltbühne mit seinen Kanonen (er war in dieser Materie ein Experte!) und mit seinen Verwandten (Devise: heiraten, statt kämpfen!) kräftig mit, hatte dabei auch nach innen zu strampeln, wo ihm die Reichsstädte und -stände Gelder und Landsknechte verweigerten. Wieso sollten sie auf ihre Kosten die Habsburgische Hausmacht stärken? Wo ist die Logik? Und wo ist da der Profit? Am erfolgreichsten kämpfte der Kaiser als international agierender Heiratsvermittler. Sein Nachfolger, Karl V., wird vom spanischen Erbe profitieren.

Unser Leonhard war stets an vorderster Front mit dabei, focht mit den „Gewalthaufen" vor Venedig, war in seines Königs und Landesfürsten Diensten in weiteren Scharmützeln vor Mailand, in Verona, im Engadin engagiert und leistete seinem Herrn und Freund auch exzellente diplomatische, also weniger brachiale, Dienste.

In dieser unruhigen Zeit baut Leonhard die kümmerliche Burg seiner Vorfahren zu einem standesgemäßen Schloss aus, just in dem Jahr, in dem Martin Luther seine 95 Thesen an die Wittenberger Schlosskirche nagelt. Das Echo seiner provokanten Hammerschläge wird die Festen der Kirche Petri erschüttern.

Ach ja, stimmt: Die Spanier erobern gerade Mexiko, lesen wir in der Zeitung, und Vasco da Gama hat einen Seeweg nach Indien entdeckt. In München geht endlich die Pest zu Ende.
Immerhin.

*Nach 1512 ist die Scharfmetze der schwerste Geschütztyp der Maximilian'schen Belagerungsartillerie. Die Geschütze wogen ca. drei Tonnen und konnten von je 16 Pferden gezogen werden*

## *Leonhard von Völs, Landeshauptmann an der Etsch und Burggraf zu Tirol. Ein Charakterprofil*

Ich muss zugeben, dass mich das eine und andere Mal Gedanken geplagt haben, die man als Völser eigentlich nicht denken sollte:

War unser Leonhard vielleicht doch nichts als ein Schaum schlagender Showman? Ein historischer Macho? Ein frühneuzeitlicher Rambo im samtenen Rock?

Ich weiß, er hat Karriere gemacht. Er hat's vom „Herrn" zum „Ritter" gebracht und schließlich, wenn's stimmt, gar zum „Frei-

*Leonhard d. Ä. von Völs – Darstellung auf dem Altarbild in der Schlosskapelle*

herrn". Das ist nicht nichts. Aber seine dritte Frau, die Montfort, war immerhin eine Gräfin. Das ist eine Stufe drüber. Das wird ihm nicht gepasst haben, dass er nicht nachziehen konnte. Vielleicht hat er sie dafür bewundert. Das Vorarlberger „Schwäbeln" hatte er jedenfalls von ihr.

Was war er denn eigentlich für ein Typ, der Leonhard, menschlich oder so. Und beruflich. Er hatte nämlich durchaus einen Beruf. Ach, was sag ich: Er hatte gleich mehrere Berufe, eine ganze Menge davon! Da war er einmal Clanchef der Herren von Völs. Das war beileibe kein leichter Job bei der weitverzweigten Verwandtschaft und den schwierigen Charakteren mancher Familienangehöriger. Dann war er Ehemann dreier Frauen und sechsfacher Vater (2 Söhne, drei Töchter, ein Kind stirbt bald nach der Geburt). Er war Gerichtsherr im Völser Gericht und Grundherr; Salzmair in Hall, wo er das „Pfannhaus" verwaltete und dem König dessen Einnahmen verrechnen sollte; Königlicher Rat; Hauptmann in Venedig und im Krieg gegen die Graubündner und Schweizer; Gesandter (Diplomat) im Landshuter Erbfolgekrieg. Erbkämmerer der Brixner Bischöfe. Und so weiter und so fort.
Und *„**Lanndthawbtman**"*.

Wollen wir uns der Antwort annähern oder die Frage gar beantworten, müssen wir tief in die Truhe greifen. Müssen wir uns mit

*Frau von Thun – Darstellung auf dem Altarbild in der Schlosskapelle*

*Frau von Firmian – Darstellung auf dem Altarbild in der Schlosskapelle*

verstaubten Pergamenten und vergilbtem Büttenpapier abgeben. Dann erschließt sich uns vielleicht in der Widerspiegelung historischer Vermerke und Eintragungen der Charakter eines Mannes, der in der damaligen Zeit doch einiges Aufsehen erregte und uns Völsern 1966 sein Wappen überlassen hat (da würde er toben, wenn er das mitbekommen würde!). Und eine wunderschöne Burg hat er uns hinterlassen. Pardon: Ein Schloss natürlich.

Eine Quelle, einer der Schlüssel zum Verständnis des Wesens unseres Leonhard sind die Regesten (RES GESTAE = chronologisch unter Angabe von Ausstellungsdatum, Ausstellungsort, Aussteller, Adressat, Inhalt und Fundstelle geordnete Rechenschaftsberichte) der Hofkammer in Innsbruck. Dort wurde alles, aber auch wirklich alles Tag für Tag und äußerst penibel festgehalten, was an Wichtigem geschehen war. Die Raitkammer, die fürs Finanzielle zuständig war, führte genauestens Buch über alle Einnahmen, Ausgaben und Schulden. Leonhard verwaltete als Salzmair erhebliche Summen Geldes – und der König war wegen seiner Kriege und seiner aufwändigen Hofhaltung ständig in Geldnot! Umfassende Informatio-

*Das Halltal. Die Zuleitung der Sole erfolgte in Holzröhren zum Pfannhaus in Hall, wo die 4 Salzpfannen und die Dörrgerüste standen. Dort hatte der Salzmaier seinen Vewaltungssitz*

*Ehemalige Soleleitung im Halltal*

nen zu diesem interessanten Thema erhalten Sie unter http://www.sagen.at/doku/bergbau/Bergrevier_Hall.html).

Beim Durchsehen der einzelnen Einträge fällt auf, dass Leonhard beim Begleichen von Schulden eine gewisse Hemmung zu verspüren schien: Immer wieder musste er von der Innsbrucker Raitkammer auf Anweisung des Königs aufgefordert werden, eine Schuld zu begleichen oder eine bezahlte Lieferung auch zu liefern.

Ein Beispiel:
*1498 Februar 2, (Innsbruck)*
*Seine Königliche Majestät an Leonhard von Völs:*
*Er hat dem Bischof Friedrich von Augsburg 100 Fuder Salz aus dem Pfannhaus zu Hall im Inntal um 2.000 flRh (Rheinische Gulden) verkauft (...). Der König befiehlt dem Völser, dem Bischof die 100 Fuder Salz auch zu liefern. st. Agathen tag 1498 (= Montag, der 5. Februar 1498)*

Solche Beispiele kommen in den Regesten immer wieder vor und es fällt auf, dass sich unser gewiefter Leonhard ausnahmslos zu seinen Gunsten „verrechnet".

*Noch ein Beispiel:*
*Seine Königliche Majestät hat dem Hauptmann an der Etsch und Burggrafen von Tirol Leonhard von Völs befohlen, dem Grafen Sigmund zu Lupfen 800 Gulden, die diesem (...) aus dem Pfannhaus zu Hall zustehen und die Leonhard eingenommen haben soll, auszubezahlen. Der König befiehlt, dafür zu sorgen, dass dieser (also Leonhard) dem nachkommt.*

Und noch ein Beispiel:
*Der König gibt Leonhards Nachfolger, dem neuen Salzmair Degen Fuchs den Befehl, dass er einer gewissen Person 40 Fuder Salz aushändigen soll, die der König ihm bereits durch den vorigen Salzmeier, Herrn Leonhard zu Völs, zu geben zusagte, was aber von diesem nicht vollzogen wurde.*

Und ein weiteres Beispiel?
*1500 Oktober 10, (Innsbruck)*

*Belagerung von Kufstein*

*Seine Königliche Majestät (= Raitkammer in Innsbruck) an Lienhard von Völs, Hauptmann an der Etsch:*
*Der König hat ihm in den Irrungen über seine Abrechnungen als Salzmeier zu Hall mit Lienhard Rechtaler auf den 25. Oktober einen Tag vor der Raitkammer zu Innsbruck angesetzt und befiehlt ihm, persönlich zu kommen oder einen bevollmächtigten Vertreter zu schicken.*

„Irrungen über seine Abrechnungen", soso. Das klingt ein bisschen vertraut. Erinnert an gewisse Geschichten in der Politik...

Dass Leonhard auch keine Skrupel hatte, sich an hehrem Kirchengut zu vergreifen, belegt folgende Stelle:
*1500 Februar 11, Innsbruck*
*Der König befiehlt der Raitkammer zu Innsbruck, den Klosterfrauen im Münstertal (Mustair) von Leonhard von Völs das heilig pluet, ainen kelch und zway meß gewannt wieder zu verschaffen (die ihnen während des letzten Krieges weggenommen wurden). Innsprugg 11. Februarj 1500.*

Im Klartext heißt das, dass jenem Frauenkloster, nachdem es in Schutt und Asche gelegt worden war, die Reliquie des hl. Blutes, ein Kelch und zwei Messgewänder entwendet wurden und in die Hände unseres Leonhard gekommen sind (na ja, gekommen sein sollen).

Auch der Pfarre in Völs gegenüber zeigte Leonhard seine harte Seite und ließ keine Gelegenheit verstreichen, das Kirchenvermögen peu à peu an sich zu reißen und das Kloster Neustift, das rechtmäßiger Besitzer war, aus der Völser Pfarre zu drängen. Einige Male bestellte er widerrechtlich den neuen Pfarrer wie ein hochmittelalterlicher Potentat.

Also: Leonhard von Völs war ein knallharter Geschäftsmann, ohne Zweifel. Es ist ein nahezu unmögliches Unterfangen, allen den Geschäften, Händeln und Deals nachzugehen, die er im Lauf seines äußerst bewegten Lebens abgewickelt hat.

Ein interessantes Beispiel belegt die „Kaufkraft" unseres Leonhard, die er sich wohl durch solche Praktiken, manche sagen, auch durch „Geschenke" während seiner Kriegszüge, erworben hat:

*1497 Dezember 29, Innsbruck*
*Der König verkauft Feste, Schloß und Gericht Salurn mit allem Zugehör um 6.200 Gulden an Leonhard von Völs. Innsprugk st. Thomastag von Kanndlberts 1497.*

1 Gulden rheinisch, 5 Jahre später vom Dukat(en) abgelöst, fand seinen Gegenwert in einer Goldmünze von 3,5 g Gold. Das entspräche einer heutigen Summe von etwa 350 € – abhängig von der Feinheit des Goldes, die in Karat gemessen wird. 6.200 Gulden wären demnach heute 2.170.000 €.

Ist das viel? Ist das wenig? Das hängt einerseits von der Höhe der Einkünfte ab, und was (im Mittelalter war das Warenangebot im Vergleich zu unserem natürlich eingeschränkt) bzw. wie viel man sich damit kaufen kann bzw. konnte.

Da hilft ein Vergleich: Ein durchschnittliches Jahreseinkommen belief sich damals auf 30 bis 80 Gulden. Mit 30 Gulden kam man zurecht. Leonhard bezog als Landeshauptmann ein Salär von 800 Gulden, verfügte aber als Grundherr und durch das Ausschöpfen anderer Quellen über ein weitaus höheres Einkommen.

Zu einem anderen Thema, das uns zeigen kann, was Leonhard „für einer" war. Es ist aufschlussreich, wie er sich als **Feldhauptmann im Krieg** verhielt.

Nehmen wir uns in diesem Zusammenhang eine weitere Quelle aus den Regesten vor:

*1499 März 31, Innsbruck*

*Statthalter und Regenten sowie die anderen Räte zu Innsbruck schreiben an die Königliche Majestät:*

*Heute traf ein Bericht der königlichen Hauptleute Leonhard von Völs und Ulrich von Habsberg aus dem Engadin ein, demzufolge sie vergangenen Montag von Nauders aus in das Unterengadin vorgerückt sind und dort 17 Dörfer gänzlich niedergebrannt, eine Anzahl Graubündner getötet, ca 450 Gefangene gemacht (...) und den Feinden 6.000 Stück Vieh genommen haben. Die Feinde sind (...) geflohen. – Weiters haben die königlichen Hauptleute Schloss Steinsberg niedergebrannt und tags darauf mit der Belagerung von Schloss Ramosch begonnen. Ynnßprukh an dem hl. Ostertag 1499*

Zimperlich war unser Leonhard demzufolge ja nicht gerade. Nun ja, werden Sie vielleicht einwerfen, es war ja Krieg. Und es waren andere Zeiten ...

Einen nicht eben einnehmenden Charakter zeigte Leonhard im Zusammenhang mit den Bauernaufständen:

Des Velsers Rücksichtslosigkeit gegen seine Hintersassen, und dafür gibt es viele Belege, brachte die Bauleute so gegen Leonhard auf, dass sie ihrem Protest schließlich im Mai 1525 vor dem Landtag in Meran Luft machten und sich bei der „Landschaft", den Vertretern der Stände, massiv über ihren Grundherrn beschwerten. Leonhard tat alles, um seine Bauern zu beschwichtigen, versprach ihnen das Blaue vom Himmel und eine Entschädigung für die treuen Dienste, die sie ihm in der Vergangenheit geleistet hätten. Als der Aufstand vorüber war, konnte sich Leonhard partout an keinerlei Versprechungen erinnern. Ja, im Gegenteil: Er schüchterte die Bauern ein, drohte ihnen und verlangte die horrende Geldsumme von 3000 Gulden als Wiedergutmachung für die Schäden, die sie am Schloss angerichtet hätten.

Die Räth waren daran benüeglich,
Ain ieder gegem Künig neyget sich.
Vnd schiden darauf all von dann,
Der Künig sich auf die sach besann.
Wie der Künig Romreich rat hielt vnd ainen Fürsten
seiner Tochter zu Ehelichem gemahel erwolt, doch den
vor seinem tod nit offen wolt.

Als nun hertzang der ander tag,
Der Künig nit lenger am pet lag.

*Der König (Maximilian) beim Empfang von Fürsten und Gesandten*

Und da ist sein Prozess gegen Niklas Salmseiner in St. Konstantin, weil ihm dieser den Zins (Käse) nur mit gerahmter Milch geliefert habe. Er pfändet ihm 2 Ochsen, schließlich sogar Haus und Hof.

Und die Causa Peter Weinbrenner 1507: Der hatte ein Stück Mauerwerk aus der Konstantiner-Kirche gebrochen, um es daheim, quasi als Reliquie, zu verehren. Als die Sache aufkam, verurteilte ihn Leonhard kurzerhand zum Tod auf dem Scheiterhaufen. Weinbrenner wurde nur deshalb begnadigt und mit Urfehde abgestraft, was heißt, er musste den Gerichtsbezirk verlassen!, weil in jenen Tagen Leonhards zweite Frau gestorben war und zwei Priester sich für Weinbrenner einsetzten.

Weiter sind da die Hexenprozesse anzuführen, die wahrscheinlich 28 Frauen und 2 Männern das Leben gekostet haben. Wir werden in einem eigenen Kapitel darüber mehr erfahren.

**Und wo ist das Positive?** Lassen wir denn an dem Mann, der sich aus der Gruft der Dominikanerkirche in Bozen ja nicht wehren kann, kein gutes Haar?

Doch. Natürlich. Leonhard war ein Mann der Tat, ein frühneuzeitlicher Hau-Ruck-Kerl, ein Macchiavellist, einer, der die Ärmel hochkrempelte und nicht lange fackelte. Sein König und seit 1508 auch Kaiser hielt große Stücke auf ihn. So schenkt ihm der König am 4. Juli 1500 eine Mords Wiese:

*Die Königliche Majestät bekundet, dass er seinem Rat und Hauptmann an der Etsch sowie Burggrafen zu Tirol, Herrn Leonhard von Völs, und seinen Erben wegen der nützlichen und treuen Dienste, die dieser dem Haus Österreich erweist, 15 Joch Land in des Königs Gericht Salurn „auf der gemain, unter dem Schloß Salurn und jenseits der Etsch gelegen" schenkt.*

1 Joch = 0,58 Hektar = 5.754 Quadratmeter. Also etwa 12 Fußballfelder Grund!

Links Kaiser Maximilian (1459–1519), rechts seine erste Gemahlin Maria von Burgund (1457–1482), dazwischen deren Sohn Philipp der Schöne (1478–1506), vorne Maximilians Enkel Ferdinand I. (1503–1564) und Karl V. (1500–1558) und sein Schwiegerenkel Ludwig II. (1506–1526) Inv.-Nr. GG_832

Und weiter:
*1503 Aug. 12, Imst*
*Die Königliche Majestät an Leonhard von Völs, Hauptmann an der Etsch und Burggraf zu Tirol:*
*Weil Erzherzog Philipp jetzt zur königlichen Majestät nach Augsburg kommt und es sich geziemt, dass ihre Königliche Majestät dabei die trefflichsten seiner Landleute bei sich hat, soll Völs (also Leonhard) sofort mit einer geziemenden berittenen Begleitung nach Augsburg aufbrechen und gute Kleidung mitbringen.*

Was für ein dickes Lob! Unser Leonhard war einer der Trefflichsten im Gefolge seines Königs?

Wer war denn nun dieser Philipp, den man den „Schönen" nannte und zu dessen Besuch sich Leonhard in guter Kleidung und in berittener Begleitung einfinden sollte?
Philipp war der älteste und einzige überlebende Sohn aus der Ehe des Königs und Kaisers Maximilian I. mit Maria von Burgund. Durch einen cleveren Heiratsschachzug wurde Phillip ein Jahr nach dieser oben erwähnten Begegnung für kurze Zeit König von Kastilien, bevor er bereits 1506 als Folge einer Krankheit starb. Interessantes Detail am Rande: Seine Schwiegereltern waren die Beiden, die Kolumbus die drei Schiffe finanzierten, mit denen dieser 1492 die Neue Welt entdeckte.
Ist Ihnen aufgefallen, wie der König von seinem Sohn spricht? Als Erzherzog.

Als Leonhards dritte Frau, Ursula Gräfin Montfort, ein Kind erwartet, bietet der Kaiser an, die Taufpatenstelle zu übernehmen. Falls das Kind ein Sohn wird, solle es auf den Namen Maximilian getauft werden. Eine große Ehre für einen einfachen Landadeligen, der unser Leonhard ja war!

Dann:
Der König schenkt seiner ersten Frau Regina von Thun (Leonhard: *„main Erster gemahell"*) eine wertvolle Kette: *„Ein groß gulden kleinat mit zwaien großen soffiern unnd ainem grossen Palas so*

*ler Khu. Mt. geschennckth hat."* Also: Ein großes goldenes Kleinod mit zwei großen Saphiren und einem großen Topas, das ihr die Königliche Majestät geschenkt hat.

Umgekehrt gibt Leonhard an, er habe Bianca Maria Sforza, der Königin, für ihre Hochzeit am 16.3.1495 ein Geschmeide geliehen: *„ain hübsche Robin Rosen, in golldt verseczt, so Ich der Kayserin zu irer hochzeit geliehen hab"* (eine hübsche in Gold gefasste Rose aus Rubin).

*1504 Apr. 14, Augsburg*
*Landshuter Erbfolgekrieg*
*Westerstetten hat M. von Wolkenstein und Leonhard (von Völs) gebeten, bis zum Abschluss des Erbstreites in Augsburg zu bleiben. Sie sagen, alles hänge von des Königs Befehlen ab. Herr Leonhard von Völs wäre in dieser Sache für den Herzog besonders nützlich.*

Herr Leonhard wäre in dieser Sache für den Herzog besonders nützlich? Das sind keine Sandkastenspiele. Hier geht es um große europäische Politik! Also, diese Stelle ist schon beeindruckend. Herzog Albrecht IV., genannt der Weise, nach Beendigung des Krieges ab 1505 Herzog von ganz Bayern, findet die Anwesenheit unseres Leonhard „besonders nützlich", um in diesem Krieg zu einer Lösung zu kommen! Wow!

Dann wären die Kirchensanierungen anzusprechen, die jedoch wohl eher auf Initiative von Frau Firmian, seiner zweiten Gattin, erfolgten. Aber immerhin stellte sich Leonhard nicht dagegen, wie man am Ergebnis sieht. Manche behaupten, Leonhards Engagement in der Hexenfrage könnte unter ihrem (etwas bigott gefärbten) Einfluss entstanden sein ...

Und da gibt es das Phänomen des Völser Dorfbrunnens, der ja von irgendwoher sein Wasser beziehen musste. Leonhard ließ eine hölzerne Rohrwasserleitung von Tuff oberhalb der ebenfalls in diesen Jahren fertiggestellten Völser Weiher (*„im tuffrain ob dem obern wayer der Woff gelegen"* – Leonhard im „Brunnenbrief" von 1517) über Obervöls bis nach Untervöls quer durch Wiesen und

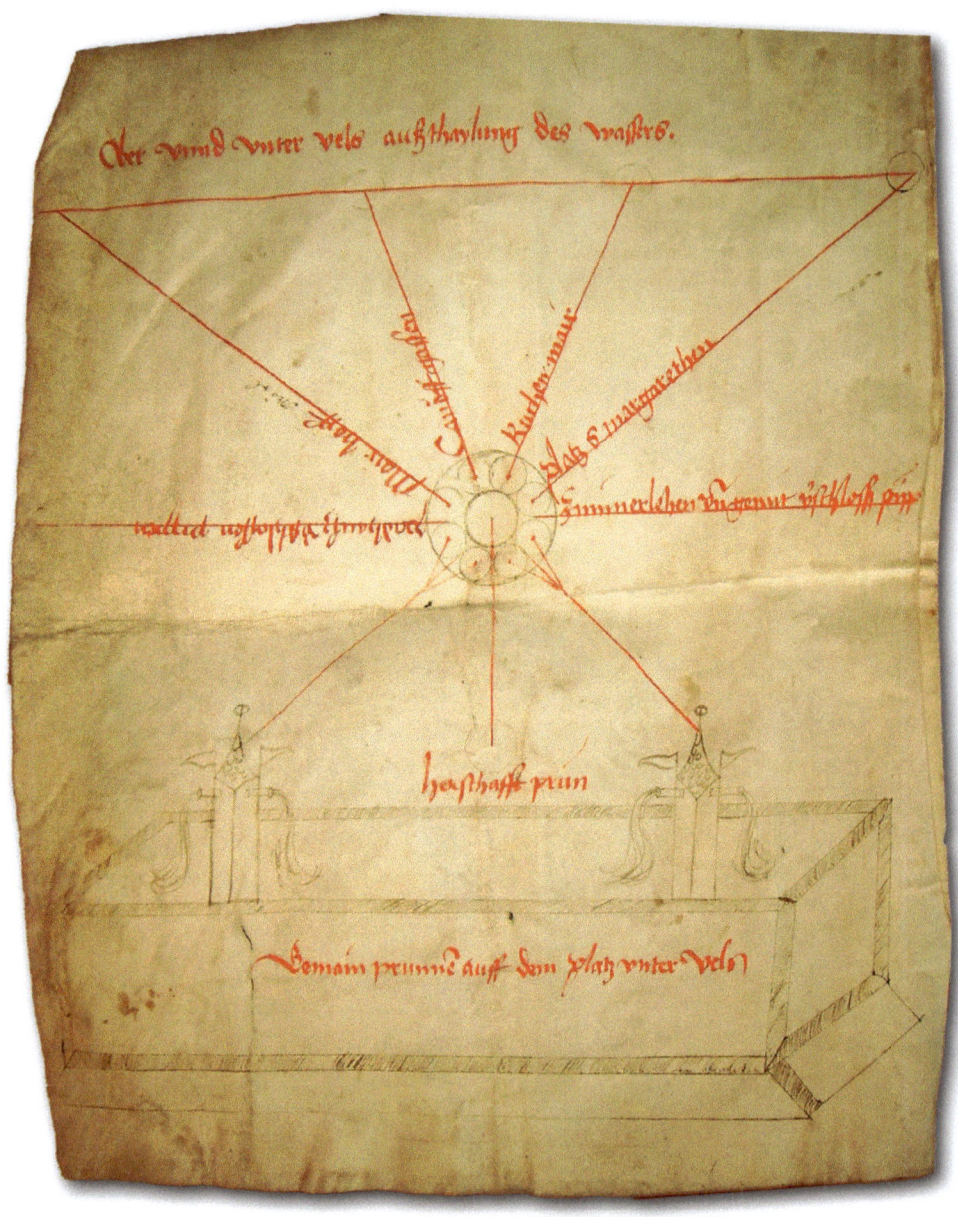

*Brunnenbrief Leonhards von 1517*

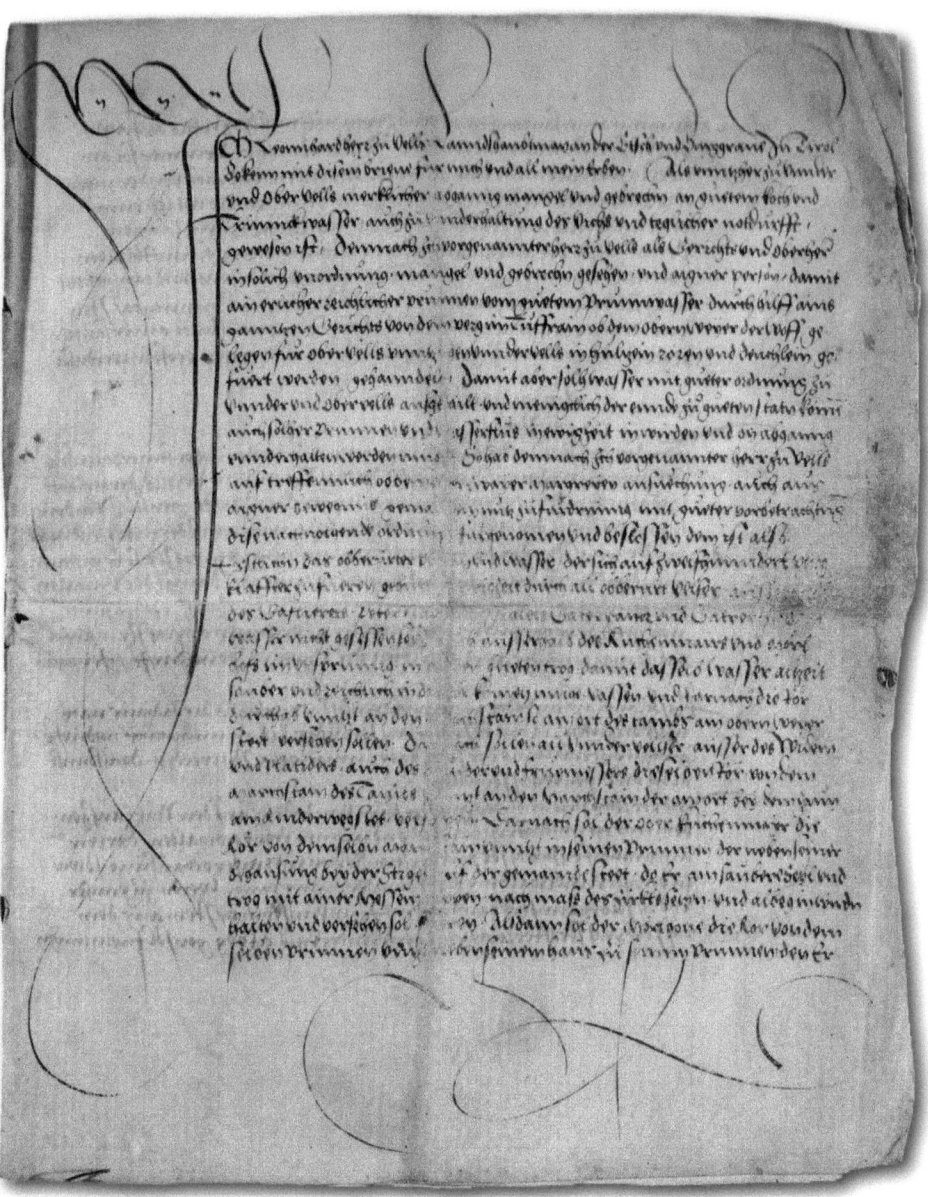

Felder ziehen. Einige Höfe längs des Wegs wurden ebenfalls in das Zuleitungssystem mit einbezogen. Wen wundert's, dass die Nutznießer ausschließlich Hofstellen mit besonderem Gewicht waren: Zimmerlehen, der Küchenmair, der Mairhof und so weiter. Immerhin kriegte auch St. Margarethen (Obervöls) eine Zuleitung ab. Eine großdimensionierte Röhre belieferte einen *„herschaft-prun"*, laut Zeichnung ein Brunnen an der Stelle des Turmwirts, also dort, wo der alte Herrschaftssitz und die nachmalige Sommerresidenz der Völser Herrschaft lag.

Der Versorgung der Herrschaft mit Fisch dienten die verschiedenen Weiher, von denen einer direkt vor Leonhards Schlosstor lag. Die unzähligen kirchlichen Feiertage mit Fastengeboten schufen eine enorme Nachfrage nach Wassertieren, da diese nicht unter das kirchliche Fleischverbot fielen.

Gute Taten? Leonhard hatte, will man dem „Brunnenbrief" und den darin getroffenen Aussagen Glauben schenken, bestimmt auch das Wohl seiner Gerichtsgemeinde im Auge – vielleicht nebenbei, zusätzlich und irgendwie. Dass er seine Vorhaben mit grundherrschaftlichem Anspruch völlig kompromisslos und gegen den Widerstand der von diesen Vorhaben in Mitleidenschaft gezogenen Bauleute durchsetzte, provozierte aber Unmut und Frustration, die sich spätestens im Mai 1525 vor dem Meraner Landtag mit aller Vehemenz entlud.

Die Bruderschaften. Ja, die Bruderschaften. Schon Leonhards Vater Kaspar hatte 1446 eine Frühmesse gestiftet, und eine Bruderschaft sorgte mit dem Obolus der Mitglieder für den Unterhalt des Frühmessers, der nun auf dem weitläufigen Gebiet der Pfarrgemeinde den Pfarrer entlasten konnte.

1495 erfolgte eine von Leonhard in die Wege geleitete und von 26 weiteren Mitstiftern mitgetragene Brudermessstiftung. Der Brudermesser (Kaplan) hatte die Pflicht, auf dem Sebastianaltar in der Pfarrkirche eine tägliche Messe zu lesen und den Pfarrer bei seinen seelsorglichen Aufgaben zu unterstützen.

Leonhard begründete 1502 die Bruderschaft der Bauleute und später die der Handwerker. Sicher spielten bei diesem „Ableger" der Innung bzw. Zunft auch ein religiöser Anteil und eine soziale Komponente eine Rolle, wie das bei vergleichbaren Zunftordnungen zusammen mit einer Regelung von Qualitätsstandards und des beruflichen Nachwuchses der Fall war. Leonhard ging es bei diesem „Zunftzwang" aber mit Sicherheit auch darum, alle Bauleute und Handwerker zu erfassen und kollektiv zu steuern – und zu be-steuern. Ein Verbot Maximilians 1502 von privat organisierten Innungen war ganz im Sinne Leonhards, der eine zu starke Eigenständigkeit der Bauleute, aber auch der Handwerker, in seinem Gericht auf keinen Fall dulden wollte.

**Fassen wir zusammen:**

Mag sein, die vielen Quellenangaben waren für Sie etwas ermüdend. Andererseits konnten wir auf diese Weise immerhin ein Checkup von unserem Leonhard vornehmen. Das Ergebnis unserer Bemühungen ist dabei durchaus eine Art (mag sein unvollständiges, rudimentäres) „Psychogramm".

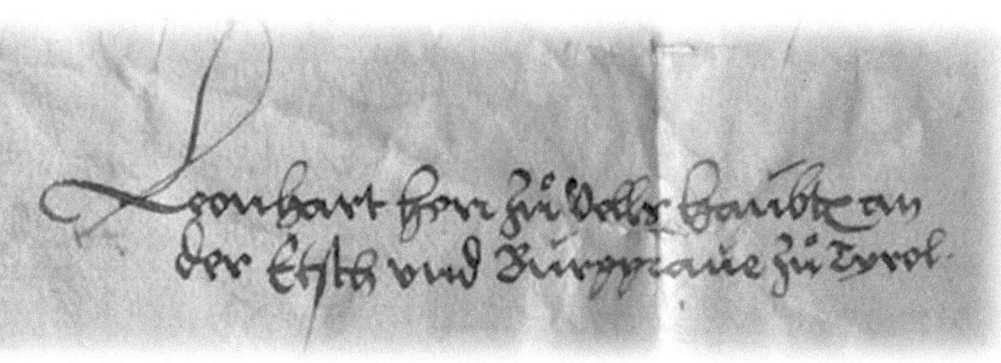

Leonhards Unterschrift

## *Leonhards Steckbrief. Ein Versuch.*

Leonhard von Völs besitzt ein herrisches, energiegeladenes Wesen. Begriffe wie Rast und Ruhe, Besinnlichkeit und Beschaulichkeit kommen in seinem Vokabular schlicht nicht vor. Er ist sich der Tatsache bewusst, dass er und seine Familie von bescheidener Herkunft sind und richtet sein ganzes Bestreben darauf, Karriere zu machen und seine finanzielle Lage wie seine feudale Machtposition Schritt für Schritt zu stärken. Er heiratet einflussreiche Frauen, die ihm, gewollt oder zufällig, den Weg in hierarchisch höhere Gefilde ebnen: Seine erste Frau ist die Nichte, seine zweite die Tochter des Landeshauptmanns, von dem er dann auch folgerichtig dieses einflussreiche Amt „erbt". Er nimmt als Hauptmann an Kriegen in Venedig und gegen die Eidgenossen teil, ist, wohl der italienischen Sprache mächtig, als erfolgreicher Diplomat tätig, hat das einträgliche Amt eines Salzmairs in Hall inne und zeigt in allen diesen unterschiedlichen Positionen gleichermaßen Durchsetzungsvermögen wie diplomatischen Spürsinn. 41 Jahre lang ist er Königlicher und Kaiserlicher Rat. Das Familienvermögen kann er Zug um Zug aufstocken und gewinnt als Landeshauptmann, ein Amt, das er über 30 Jahre ausübt, erheblichen politischen Einfluss in der feudalen Chefetage. Als Freund seines Königs und Kaisers bekommt er Zutritt zum Hochadel, wird zum Ritter geschlagen und zum Freiherrn befördert. Besonders angetan ist er vom Titel „Burggraf", eine Position, die ihm als Landeshauptmann ja auch zusteht. Eine Wappenbesserung beschert seiner Familie die begehrten hochadeligen Colonna-Säulen im bisher eher schlichten und unschlüssig arrangierten Familienwappen (Tatzenkreuz, Rose, Binde, einmal ein Löwe).

Wenig einfühlsam, sagen wir ruhig: skrupellos, führt er sich mitunter seinen Hintersassen gegenüber auf. Angestammten und verbrieften Rechten fühlt er sich keineswegs verpflichtet, fordert umgekehrt aber bedingungslose Unterwerfung unter die grundherrschaftliche Abgaben- und Robotpflicht. Er nötigt seine Bauleute zu Zusatzleistungen und verhängt widerrechtlich Strafen, um

Dominikanerkloster Bozen, Johanneskapelle mit Leonhards d.Ä. Grabplatte vor dem Altar

seine herrschaftlichen Ansprüche, oft auch nur seinen herrschaftlichen Kopf, kompromisslos durchzusetzen. Als Salzmair mehrt er gewiss das Vermögen seines Königs, ist aber stets auf den eigenen Vorteil bedacht und macht auch vor dubiosen Geschäftspraktiken nicht Halt. Sein König, der öfter in Prösels weilt, um mit Freund Leonhard das Waidwerk auszuüben (er nennt es *das lustige und wolgelegne gejaid*) hält große Stücke auf ihn, schenkt ihm ein kostbares Stück Samt (nur zwei Adelsfamilien in Tirol besaßen damals ein vergleichbares Prestigeobjekt), zieht ihn immer wieder zu Rate, bedenkt ihn mit einem Grundstück und gewährt ihm eine Fülle weiterer „Gnaden".

Ein düsteres Kapitel in Leonhards Biographie stellt sicherlich sein Engagement in der Hexenfrage dar, wenn wir hier auch weitgehend auf Indizien angewiesen sind. Seine Affinität zu den Dominikanern – er hat genauso wie seine dritte Gattin im Bozner Dominikanerkloster seine letzte Ruhestätte gefunden – legt eine „heiße Spur", „wirkten" Angehörige dieses Ordens, die man auch als „DOMINI CANES" (Hunde des Herrn) bezeichnete, doch als Inquisitoren während des gesamten Mittelalters vor allem in Frankreich, Italien und im Heiligen Römischen Reich. Dominikaner beteiligten sich auch an den Anfängen der Hexenverfolgung, darunter Nicolas Jacquier († 1472) oder Heinrich Kramer (Institoris, † 1505), der Autor des „Hexenhammers". Welche Rolle in diesem Zusammenhang seine überaus fromme zweite Gattin Katharina von Firmian spielte, ist ungeklärt, aber auch diesbezüglich lassen sich „Katalysatoren" vermuten. Nachdem Firmian 1507 verstarb, ist ein unmittelbarer Einfluss höchstens in Bezug auf den ersten Hexenprozess 1506 denkbar.

Leonhard überlebt seinen Kaiser um 11 Jahre, dient gleichermaßen brachial auch unter Maximilians Nachfolger Karl V. und, nach Karls Abdankung, unter Ferdinand. Er stirbt nach einem äußerst

*Leonhard siegelt ab 1507 mit dem „vermehrten" Wappen der nunmehrigen Freiherren von Völs-Colonna*

bewegten Leben mit 72 Jahren und findet bei den Dominikanern in Bozen, bei denen er wohl auch zur Schule gegangen ist, seine letzte Ruhestätte.

## Leonhard von Völs: einige Daten zu seiner Biographie

… basierend auf den Regesten der Innsbrucker Hofkammer und entsprechenden Angaben im Völser Dorfbuch von Bruno Mahlknecht, Franz Huter und Josef Nössing

| | |
|---|---|
| 1458/1459 | Geburt; Eltern: Kaspar Velser und Dorothea von Weineck. Jüngere Geschwister: Thomas, Michael, Elisabeth, Margaretha, Apollonia. Wahrscheinlich Besuch der Lateinschule bei den Dominikanern in Bozen. Stammt seine spätere „Sensibilität" für die Hexenfrage von hier? Die Dominikaner haben sich europaweit an vorderster Front in dieser Sache engagiert |
| 1480 | Wahrscheinliches Todesjahr von Kaspar, Vater des Leonhard |
| 1482 | Leonhard verwaltet, auch im Namen seiner Brüder Thomas und Michael, das väterliche Erbe, u.a. die Haselburg bei Bozen und das Gericht Tiers. Gerichtsherr in Völs und Tiers |
| 1486 … | … ehelicht Leonhard Regina von Thun. Aus dieser Ehe entsprossen zwei Söhne: Melchior und Christof Mathes |
| 1486 | Erster öffentlicher Auftritt auf dem Meraner Landtag |
| 1487 | Hauptmann im Venezianerkrieg, kämpft bei Calliano gegen die Republik Venedig |
| 1487 | Auf einem Fresko in Prösels (Bergfried/Wehrgang, 3. Stock) Darstellung eines Völserwappens mit einer Säule |

| | |
|---|---|
| 1487 | Ernennung zum Mitglied der Landesregierung |
| 1490 | Wahl in die „Kammer" des Tiroler „Regiments", die für die Verwaltung des Landes Tirol zuständig ist |
| 1491–1501 | Salzmair in Hall. In dieser Zeit wird Leonhard vom König und Landesfürsten Maximilian zum Ritter geschlagen<br>Schürfrechte am Bergwerk Falkenstein in Schwaz |
| 1493 | Als königlicher Gesandter für Grenzfragen führt Leonhard Verhandlungen mit dem Bischof von Chur. – Verhandlungen in Venedig |
| 1494 ... | ... leiht er der Kaiserin Blanca Maria Sforza ein Schmuckstück |
| 1495 | Gesandter im Auftrag des Königs in Venedig, führt Grenzverhandlungen |
| 1495 ... | ... stirbt Regina von Thun, Leonhards erste Frau |
| 1497 ... | ... erwirbt er die tirolische Pfandherrschaft (Feste, Schloss, Gericht) Salurn |
| 1498 ... | ... ehelicht Leonhard Katharina von Firmian. Dieser Ehe entsprossen drei Töchter: Elisabeth, Sidonia und ? |
| 1498 –1530 | Ab 1499 effektiver Antritt seiner Position als Landeshauptmann an der Etsch und Burggraf auf Tirol. Übersiedlung von Innsbruck nach Meran |
| 1498 | Erneuerung der Kirchen auf dem Peterbühl und in Obervöls |
| 1499 | Zeitweilig Feldhauptmann gegen die Eidgenossen im Münstertal und im Vinschgau. Niederlage an den Kalven im Münstertal; die Schuld daran trägt angeblich Ulrich von Habsberg |
| 1501 | Übernahme des Gerichts Schenkenberg mit Bruder Michael |
| 1502 ... | ... erwirbt er Schloss Naturns als Tirolisches Lehen |
| 1502 | Aufrichtung der Bruderschaft der Bauleute in Völs |
| 1504 ... | ... kämpft Leonhard im „Bayrischen Krieg" vor Kufstein |
| 1506 | Erster Völser Hexenprozess |
| 1507 ... | ... stirbt Katharina von Firmian, Leonhards zweite Frau |

| | |
|---|---|
| 1508–1516 | ... kämpft Leonhard mit Unterbrechungen als Feldhauptmann im Venezianerkrieg |
| ? | Leonhard ehelicht seine dritte Frau, Ursula von Montfort |
| 1510 | Zweiter Völser Hexenprozess |
| 25.05.1511 | Der Kaiser bietet Leonhard die Taufpatenschaft seines Kindes an. Das Kind stirbt wahrscheinlich bald nach der Geburt |
| 1511 | Mit Georg Frundsberg Eroberung der Festung Peutelstein/Botestagno und somit die Eingliederung Cortinas in die Grafschaft Tirol |
| 30.08.1512 | Ursula von Montfort, Leonhards dritte Gattin, stirbt |
| 1512 | Übernahme von Schloss Hochnaturns |
| 1512 | Beginn des Umbaus der Burg zum Schloss Prösels |
| 1515 ... | ... erwirbt er den Burgfrieden Aichach bei Kastelruth |
| 1515 | Aufrichtung der Bruderschaft der Handwerker in Völs |
| 1515 | Neujahresschreiben des Kaisers, Dank für treue und wertvolle Dienste, Übergabe eines Stücks *„samet zu einem Rockh"* |
| 1516 | Leonhard kämpft vor Mailand |
| 1517 | Teilnahme an Kämpfen im Venezianischen |
| 1517 | Errichtung der Wasserleitung von Tuff auf den Kirchplatz von Völs |
| 1517 | Fertigstellung des Umbaus bzw. Neubaus der Burg |
| 1518 ... | ... setzt er Gaismair als Unterhauptmann im Schloss Naturns ein |
| 1520 | Endgültige Verwendung des neuen Wappens |
| 1521 | Erwirbt Lehen aus dem Burgfrieden Salegg |
| 1522 | Kauft ein Drittel der Einkünfte des Weinmessamtes und Zolls zu Bozen sowie das zugehörige Haus am Kornplatz |
| 1522 | 20. März: Leonhard erhält auf seine Bitte hin das Ehrenamt des Erbkämmerers beim Brixner Fürstbischof |
| 1522 | Leonhard führt ab jetzt den Titel Freiherr von Völs-Colonna |
| 1523 | Prozess gegen Niklas Salmseiner in St. Konstantin, weil ihm dieser den Zins (Käse) nur mit gerahmter |

| | |
|---|---|
| | Milch lieferte. Er pfändet ihm 2 Ochsen, schließlich sogar Haus und Hof |
| 1523 | Übernimmt von Bruder Michael die Einkünfte auf Tiers |
| 1523 | Leonhard kauft Salegg bei Seis |
| 1524 … | … erwirbt er von seinem Bruder Michael das Gericht Völsegg-Tiers mit Zubehör |
| 1524 | Erwirbt von seinem Bruder den Michaelerhof in St. Kathrein und den Plonerhof in Aicha (beide sind Mesnerhöfe) |
| 14.05.1525 | Besetzung der Burg durch die Bauern |
| 1525 … | … lässt er Hans Frassen hinrichten |
| 1525 | Leonhard wird Großvater: Sein Sohn Melchior wird Vater eines Kaspar |
| 1527 | Beschwerdebrief gegen Leonhard von Völser Bauern an Ferdinand I. (Niclaus Vallunger und Thoman Platider) |
| 1527 | Leonhard wird zum zweiten Mal Großvater. Enkel Ferdinand erblickt das Licht der Welt |
| 15.12.1528 | Leonhard beschwert sich bei König Ferdinand, Jobst Aichner, dem er durch eine Begnadigung die Hinrichtung 1525 erspart habe, sei rückfällig geworden |
| 1528/29 | Urfehdebriefe an Cristof Mesner, Ums, Melchior Schneider und Elisabeth, Anna Funtnatscher, Melchior Paucker |
| *1529* | *(Belagerung Wiens durch die Türken. Leonhards Neffe verteidigt erfolgreich das Stadttor. Im Wiener Stephansdom steht sein monumentaler Epitaph)* |
| 1529 | Hans Kürschner, Leonhards ehemaliger Sekretär, wird in Innsbruck als Wiedertäufer verbrannt |
| 1529 … | … kauft er die Grundrechte des Ramrechtgutes, des Prangergütls und des Hauses unterm Kofel in Prösels |
| 31.05.1530 | Die Empörer erhalten gegen Leonhards Willen und zu dessen Ärger von König Ferdinand Zahlungsaufschub der von ihm erhobenen drakonischen Geldstrafen |
| Herbst 1530 | Leonhard stirbt und wird im Dominikanerkloster in Bozen an der Seite seiner dritten Gattin, Ursula von Montfort, beerdigt. |

## Die Burganlage; ein Rundgang

Die Länge der äußeren **Ringmauer** beträgt stattliche 320 Meter. Heute kann man sie auf einem schattigen Spazierweg umrunden. Sie umschließt den gesamten Burghügel, dadurch ergibt sich ein breiter Zwingerbereich vom äußeren Rundturm zum zweiten Torturm und vom Tischlerhaus zum dritten Torturm. Modernste maximilianische Wehrtechnik verbindet sich in diesem faktisch als Neubau zu bezeichnendem Umbau mit dem repräsentativen Anspruch des Schlossherrn auf eine befestigte Wohnanlage.

Ältere Bauteile auf dem **„Valentinshügelchen"** reichen ins 14. Jahrhundert zurück, einige stammen wie wohl die Kapelle selbst aus romanischer Zeit. Wenn Sie Interesse an der frühen Geschichte des Schlosses haben, ist der **Besuch des Tischlerhauses** ein Muss. Sie finden auf zwei Etagen unter dem Titel „… finff maiolica schaln …" eine Ausstellung mit Exponaten und Artefakten, die bei archäologischen Grabungen 1982 und 2004 im und am Schloss ans Tageslicht

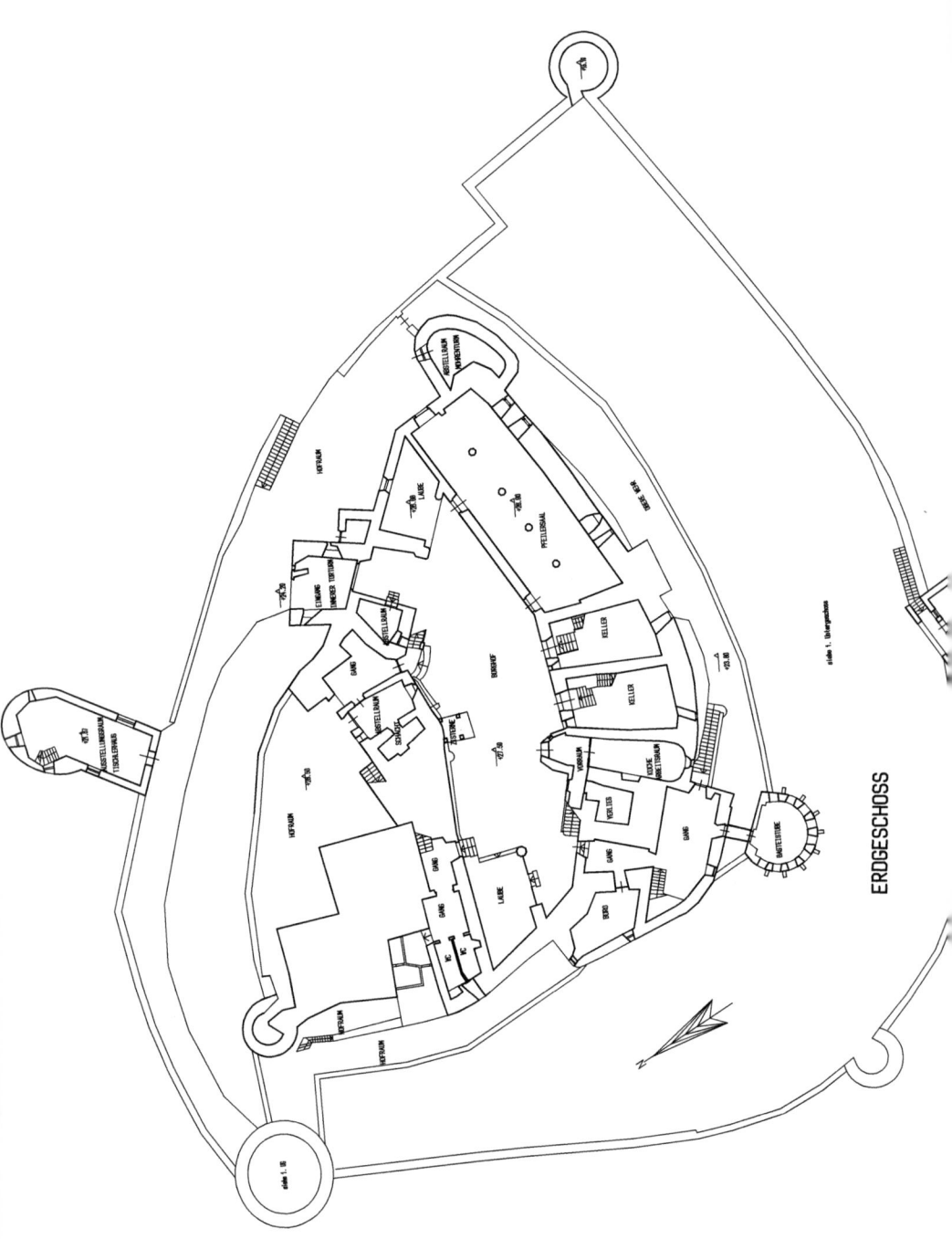

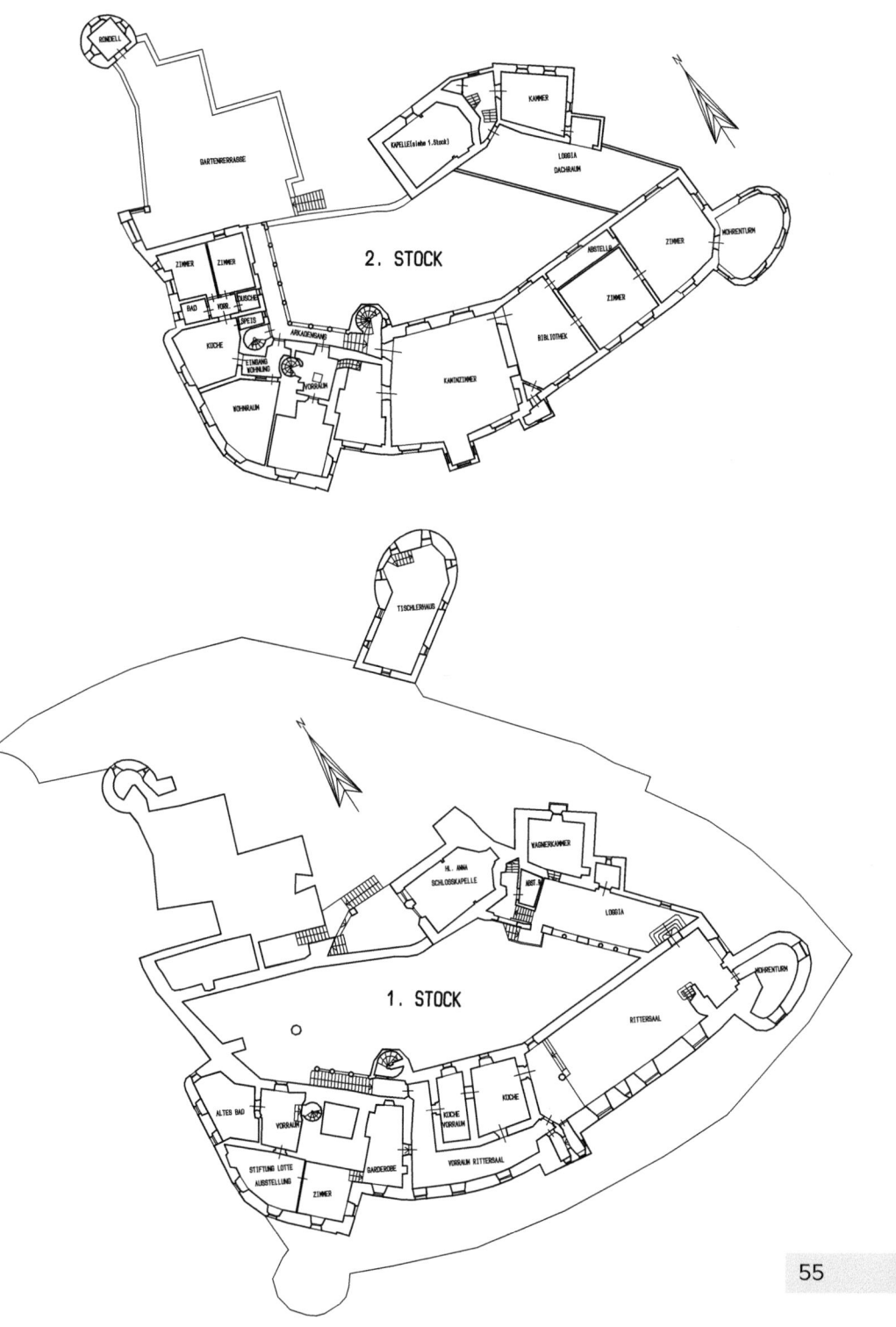

kamen. Es sind Zeugnisse einer jungsteinzeitlichen Präsenz (Silex, teilweise retuschiert), Keramik aus der frühen und mittleren Bronzezeit und aus der frühen Eisenzeit. Natürlich sind auch die Römer vertreten: Minerva und ihr Gemahl Neptun, der sich hier wohl mit dem Völser Weiher zufrieden geben musste (wenn es ihn denn da schon gegeben hätte). Eine Münze mit Justinians Konterfei wurde schnell noch deponiert, bevor sich das Weströmische Reich auch aus Völs verabschiedete. **Aushubarbeiten im Südost-Turm** – Sie sehen ihn, vor dem Schloss stehend, an der äußern rechten Ecke der Umfassungsmauer – förderten nach Ausräumen eines sieben Meter dicken Schuttspakets eine Schicht zu Tage, die neben organischen Überresten wie Knochen von Haus- und Nutztieren, aber auch solchen von Bär, Gämse, Marder, Hirsch und Reh eine Fülle Keramik aus der späten Renaissance und mehrere Metallfunde aufweist. Einige Dutzend Münzen erlauben eine exakte Datierung dieses Aushubhorizonts in die Zeit des 15. bis 17. Jahrhunderts. Bemerkenswert ist eine bleierne Verschlusskappe mit einem Stempelbild von Venedig. Wir wissen, dass Leonhard im Auftrag seines Königs und Kaisers als Gesandter ein erstes Mal 1487 beim Dogen in Venedig war. Welchen Inhalt mag die Bleikapsel wohl verschlossen haben?

*Doge Agostino Barbarigo*

Es handelt sich bei diesen im Tischlerhaus ausgestellten Fundstücken um den umfangreichsten Komplex von Keramik aus der Spätrenaissance in Südtirol. Die Ausstellung bietet neben einer Fülle gut dokumentierter Exponate vorzügliche Erklärungstafeln in Deutsch und Italienisch.

*Bronzezeitliche Keramikfragmente*

*Majolika-Krug*

*Verschiedene Kettchen*

*Verschlusskappen aus Blei*

*Vierkantige Glasflaschen*

Gürtelschnalle
Fibbia da cintura

Spielwürfel aus Knochen
Dado da gioco in osso

*Fragmente von Butzenscheiben*

*Kupferkessel*

*Ofenbestandteile aus Keramik*

*Leonhards Armbrust aus dem Jahr 1528*

*Äußerer Torturm, Baumannhof (Wirtschaftsgebäude aus der Zeit Leonhards), dahinter der Pulverturm vor der Kulisse des Tschafon*

Die begrünte Terrasse westlich der Kapelle scheint als der Überrest eines bis 1835 dort bestehenden Turms auf. Der Einsturz eines Teils der dortigen Umfassungsmauer 2011 legte nach Entfernung großer Mengen von Auffüllmaterial Räumlichkeiten frei, die zusammen mit anderen Freilegungen ein Fenster in die frühesten Abschnitte der Baugeschichte öffnen. Es handelt sich hierbei, wie wir jetzt zweifelsfrei wissen, um den in einer Quelle genannten zweiten Wehrturm der ursprünglichen Burganlage aus dem 12./13. Jahrhundert.

Aber der Reihe nach:

Der Besucher nähert sich, von der Straße kommend, dem Schloss über einen nicht mehr vorhandenen, von zwei Mauern flankierten Zugang (Überreste einer Steinmauer wurden beim Ausbau des Zugangsweges entdeckt aber nicht weiter erforscht), überquert auf seinem Weg zum Schlosstor eine ebenfalls nicht mehr vorhandene Brücke, die sich über den sieben Meter breiten und etwa sechs Meter tiefen Burggraben spannte; ein Teil, rechts von Ihnen, ist noch als solcher erkennbar. **Dass** er nicht mit Wasser gefüllt sein konnte gilt deshalb als gesichert, weil die Mauer, die ihn nach Nordosten begrenzt, dafür nicht ausgelegt war und in Art und Stärke zu schwach dimensioniert ist, sodass sie dem Wasserdruck nicht standhalten hätte können.

Und nun stehen die Besucherin, der Besucher, vor dem mit Schießscharten und vier geblähten Pechnasen bewehrten rechteckigen, dreigeschossigen **Torturm** mit seinen damit verspielt kon-

*Der äußere Torturm*

trastierenden Treppengiebeln, *„ain schen hoch aufgefierte Porten darauf ain Knecht Kammer"* (dies und die folgenden Zitate sind dem Inventar von 1618 entnommen).

Zum ersten Stock führt eine Steintreppe, während die beiden inneren Stockwerke durch eine Holzstiege verbunden und durch Falltüren gesichert sind. Die Räume stehen leer und wurden seit Übernahme des Schlosses durch das Kuratorium bisher noch keiner Nutzung zugeführt.

*Der äußere Torturm, Innenansicht*

*Der durch Steinwürfe beschädigte Wappenstein am äußeren Wehrturm. Er zeigt neben dem österreichischen Bindenschild die Wappen von Völs und Tirol und dokumentiert die Fertigstellung des Umbaus um 1517*

Der außen über dem Tor angebrachte **Wappenstein** ist vor einigen Jahrzehnten durch Steinwürfe stark beschädigt worden. Ein Aquarell von 1875 zeigt ihn noch unbeschädigt. Gut lesbar sind immerhin die Inschriften, die neben der Jahreszahl 1517 und der Inschrift: DER WOLGEBORN HER LEONHART HER ZW VELS R.K.M.(- der Römisch-Kaiserlichen Majestät) LA DHAVBTMA DIS GSCHLOS PRESLS ERBWT VND WIDERERHEBT) eine Huldigung an den Kaiser (Maximilian war 9 Jahre zuvor in Trient zum Kaiser gekrönt wor-

*Wappenstein von 1517, gezeichnet von Radloff, 1875*

*Äußerer Torturm – Zinnen mit Wappen*

r äußere nordöstliche Rundturm, aus dem die
ı Tischlerhaus ausgestellten Funde stammen

Die „Obere Wehr". Im Hintergrund der äußere Torturm, unten der Zwinger

den) darstellt: MAXIMILIANVS IMPERATOR SEMPER AUGUST(US) ist zu lesen und der Wappenstein zeigt das österreichische, Tiroler und Völser Wappen.

Wir befinden uns nun im so genannten **Zwinger**. Rechter Hand in Richtung zum kleinen Rundturm an der Südostecke des Zwingers, in dem der Stallknecht eine Kammer bewohnte, – es ist just der Turm, der 2004 seine archäologischen Geheimnisse preis gab –, befand sich zu Leonhards Zeiten eine an die Ringmauer gelehnte **Stallung**, die sechs Pferde aufnehmen konnte, mit einem darauf aufgesetzten Futterhaus. Von diesem etwa 40 Meter langen Gebäude ist nichts erhalten geblieben. Möglicherweise war der ebenso lange Mauersockel unter der „Oberen Wehr" in diesen Komplex einbezogen. Der Zwinger wird im Osten von einer Mauer abge-

*Der Latrinenschacht an der Südseite des Palas. Darüber verläuft eine Bordüre mit Wappen verwandter Familien*

grenzt, so dass das Schloss auf diesem Weg nicht weiter umrundet werden kann. Wohl aber gibt es einen etwas versteckten Aufgang hinauf bis vor den dritten Torturm.

Stellen Sie sich mit dem Rücken vor die Mauer, die, ursprünglich mit einem Wehrgang versehen, den eben durchschrittenen äußeren Torturm mit dem Rundturm verbindet, baut sich vor Ihnen die mächtige **Fassade des Hochschlosses** auf. Der ausladende **Palas** zwischen dem **Mohrenturm** (rechts) und dem Vorbau, hinter dem der eine der beiden alten romanischen Türme mit seinem grau gedeckten Pyramidendach und den großen rechteckigen Fensteröffnungen hervorlugt, wird in seinem jüngeren (rechts) und dem hinter dem Vorbau liegenden älteren Bereich, der in einem leichten Bogen nach Westen (links) dreht, von der mächtigen begehbaren **Schildmauer, der Oberen Wehr**, geschützt. Die Mauer dieses Haupttraktes wird von einem Erker und dem bis auf den Boden zugemauerten Schacht einer Trockentoilette („Plumpsklo", Latrinenschacht; damaliger Sprachgebrauch: „heimliches Gemach") unterbrochen. Unter dem Dach des Palas, das ursprünglich mit einem Zinnenkranz versehen war, zieht sich ein Fries mit gemalten Wappen verschiedener Geschlechter, die mit den Herren von Völs verwandt waren.

Der Zugangsweg zum Hochschloss ist 135 Meter lang und führt in einer gegen den Uhrzeiger laufenden Dreivierteldrehung um die westliche Schlossflanke, um in seinem letzten Abschnitt nach Norden zu drehen.

*Vom Zwinger zum zweiten Torturm*

*Seitenpforte mit Zugbrückenrollen zum Hochschloss. Man erreichte sie vom Zwinger aus über den Basteiturm und einen hölzernen Verbindungssteg, der von ihm zur Oberen Wehr führte*

Es gab eine **Abkürzung ins Hochschloss**. Sie führte vom Zwinger zu einer kleinen Pforte am oberen Abschnitt des Basteiturms, die man über eine einziehbare Holzleiter erreichen konnte. Es ist dies der Turm, der gleich nach dem äußeren Torturm auf dem Weg zum Schloss rechter Hand aufragt und frei zu stehen scheint. Der ehemalige Zugang ist längst zugemauert, eine gut erkennbare rechteckige Sandsteinfassung verrät seine ursprüngliche Position. Die Abkürzung führte also durch den Basteiturm zum bereits angesprochenen Zubau, den Leonhard vor den romanischen Turm setzen ließ. Dieser Vorbau ist überraschend detailreich ausgeführt und zeigt in seinem östlichen Abschnitt eine aufwändig gestaltete Verzierung mit Diamantquadern und dekorativ gesetzte Ecksteine. Über eine weitere **kleine Pforte**, zu der ursprünglich eine *„hullzerne Abwerff Stiegen"* – eine **Zugbrücke** – führte, gelangte man ins

*Kragsteine an der Oberen Wehr nach Westen. Sie trugen den hölzernen Wehrgang*

*Der Basteiturm mit de[n] Steinkonsolen, die de[n] hölzernen Wehrgang truge[n], der über die Obere We[hr] zum zweiten Torturm führt[.]*

eigentliche Schloss. Die Zugbrücke verband den hölzernen Wehrgang der Oberen Wehr und somit den Basteiturm mit der Pforte, an der noch die beiden Rollen zu sehen sind, über die die Zugbrücke bedient wurde.

Der **Basteiturm**, der „runde Turm", ist mit seinen 6 Metern Durchmesser und einer unteren Wandstärke von 1,80 Metern ein mächtiges Bollwerk. Maul- und Geschützscharten weisen ihm eine eindeutige Aufgabe zu, und von hier aus konnte der gefährdete, weil leicht zugängliche südliche und westliche Abschnitt der Burg und des Schlosszuganges geschützt werden.

Der weitere Verlauf des Burgweges wurde von einer *„zimblich hoch aufgeführten Wehr"* gedeckt, einem hölzeren **Wehrgang**, dessen Kragsteine Sie hoch über sich auf Ihrem Weg am Basteiturm vorbei bis vor zum zweiten Torturm in lückenloser Reihung deutlich sehen können.

**Der zweite Torbau**, vor dem Sie nun stehen, ist ein weiteres trutziges Bollwerk, 6 Meter im Durchmesser mit einer Mauerstärke von einem Meter, das *„vier grosse Veldstickhler auf Redern"* aufnahm. Da Freund Maximilian, seit 1508 auch Kaiser des Heiligen Römischen Reiches Deutscher Nation, bekanntermaßen eine fast schon an Besessenheit grenzende Begeisterung für Feuerwaffen aller Art hatte, wird sich Leonhard bei der Anschaffung der Geschütze wohl auf den Rat seines königlichen und kaiserlichen Herrn und Freundes gestützt haben. Sicherlich hat er das Neueste vom Neuen angeschafft.

Zu ebener Erde befinden sich zwei Schießscharten

*Der zweite Torturm vom Zwinger aus gesehen*

*Schießscharte im zweiten Torturm mit Prellbalken. Im Torturm befanden sich vier „Feldstücke" - Kanonen auf Rädern*

und eine größere fensterartige Öffnung, die ursprünglich dieselben Ausmaße gehabt haben dürfte wie die anderen beiden. Die im Archiv 1618 erwähnten vier Kanonen fanden demnach drei Öffnungen vor. Wo sich die zugehörige Maulscharte der vierten Kanone befand, lässt sich nicht sagen. Schießscharten befinden sich auch im Obergeschoss des Torturms. Die verschiebbaren Prellbalken und ihre Form zeigen, dass sie für Hakenbüchsen ausgelegt waren. Das erstaunliche Kaliber der Hakenbüchsen kann man sich vor Augen führen, wenn man sich zur Steinkugel, die im Tischlerhaus im oberen Stock ausgestellt ist, eine entsprechend dimensionierte Donnerbüchse vorstellt.

Vom ersten Stock des zweiten Torturms führte ein Zugang zum kleineren **Rondell** und auf die Höhe des oberen Arkadenganges. Die – zugemauerte – Aussparung kann man im Torraum rechts oben deutlich ausmachen. Die Wiese, die sich zur Kapelle hinzieht, steht auf dem Rumpf des bereits angesprochenen zweiten der beiden romanischen Türme der ursprünglichen Wehrburg, der 1835 eingestürzt ist. Falls Ihnen die augenscheinlich neu aufgeführte hohe

*Schießscharte*     *Schießscharte*

Sperrmauer ins Grübeln versetzt: Die damals, 1835, offenbar nur notdürftig vorgenommene Sanierung der Westfront führte vor zwei Jahren (2011) zu einem Abrutschen der Mauer und machte eine Neuaufführung notwendig. Dabei kamen eben Reste eines aufgefüllten und eingeebneten Rumpfes ans Tageslicht. In diesem Bereich finden gerade Sondierungen und Grabungsarbeiten statt (Stand: 2013). Es zeichnet sich jetzt schon ab, dass die Entstehungsgeschichte der Burg nach hinten korrigiert werden muss und älter ist, als man bisher angenommen hatte.

Es folgt auf dem Zugangsweg zum Hochschloss, der im Uhrzeigersinn langsam nach rechts, also nordwärts dreht, linker Hand das vorhin beschriebene **Tischlerhaus**, das zur Zeit seiner Erbauung trotz seiner schon damals aufscheinenden handwerklichen Bezeichnung sicherlich vorwiegend Wehrzwecken diente. Falls Sie das Schloss auf dem lauschigen Spazierweg umrundet haben – was Ihnen, zumindest im Nachhinein, unbedingt empfohlen sei! –, wird Ihnen dieses Gebäude als vermeintlicher weiterer Wehrturm ins Auge

*Innerer Rundturm. Links davon die neue Mauer, die nach dem Einsturz der alten 2011 aufgeführt worden ist. Sie schließt mit einer begrünten Plattform zwischen Loggia und Kapelle ab. An dieser Stelle befand sich bis zum Einsturz 1835 der alte „rechteckige Turm" der ursprünglichen romanischen Wehrburg*

gefallen sein. Zehn Türme? Sie dachten, es seien deren neun?*
Tatsächlich besitzt das Tischlerhaus nach außen hin in Richtung der
nur durch eine Schlucht gesicherten Nordwestflanke die Form eines
mit abweisenden Schießscharten versehenen Halbrunds, nach innen, zum Schlossweg hin ist die Fassade rechteckig aufgeführt wie
die eines Wohnhauses.

An der Stelle, an der Sie, dem Weg weiter nach Norden folgend,
eine herrliche Aussicht nach Völs erwartet, befand sich einst ein
*„stöckhl, so ain Padtstuben gewest"*. Davon ist kein Stein über
dem anderen geblieben. An seiner Stelle breitet sich ein hübsches
Wiesenplätzchen aus, das Sie einladen mag, vor dem Zugang zum
Schloss eine gemütliche Rast einzulegen und in diesem Reisebegleiter zu schmökern. Nachher? Ja doch. Nachher geht auch ...

\* 1. Der äußere Rundturm im Osten
  2. Der erste Wehrturm = der Zugang zum Zwinger
  3. Der Basteiturm
  4. Der Rundturm mit der Sitzecke
  5. Der zweite Wehrturm zwischen Zwinger und Tischlerhaus
  6. Der obere Rundturm vor der Kapelle
  7. Der dritte Torturm mit Zugang zum Burghof
  8. Der Sternturm
  9. Der Bergfried

*Das Tischlerhaus.*
*Auf zwei Etagen sind die im äußeren Rundturm aufgefundenen Kulturschuttfunde ausgestellt*

Sie stehen nun andächtig vor dem **dritten Torturm**, der ebenfalls durch zwei Tore gesichert war und einen gut erhaltenen Wappenstein mit der Jahreszahl 1518 aufweist. Da kamen die fiesen Steinewerfer, die sich am äußeren Torturm ausgetobt haben, offensichtlich nicht dran. Der Wappenstein trägt die teilweise durch den Wappenschild abgedeckte Inschrift: „Herr Lienhart Herr zu Vels Landeshauptmann an der Etsch Burggraf zu Tirol" (hochdeutsche Übertragung). Der Balkon stammt aus späterer Zeit, die drei Pechnasen und Senkscharten wollen feindliche Eindringlinge, die sich trotz ausgeklügelter Abwehrvorrichtungen bis hierher durchgeschlagen haben, endgültig ins Nirwana schicken.

Das Tor, das Sie gerade durchschreiten, stand zur Zeit seiner Aufführung als selbständiges Wehrwerk da, wurde 1569 aber in den damals aufgeführten „Neuen Bau" einbezogen und architektonisch damit verbunden. Abschnitte des Torbogens stammen in ihrem hofseitigen Teil aus dem 15. Jahrhundert, waren zum Zeitpunkt der Burgerweiterung also schon vorhanden und bildeten einen Teil des ursprünglichen romanischen Defensivsystems.

Wir befinden uns nun nach Bewältigung der 23 Höhen- und der 135 Gehmeter im Herzen der Anlage: im **Burghof**.

Das mittlerweile auf nüchterne Wehrtechnik und Rüstungssysteme geeichte Auge wird nun staunend mit prächtigen Fresken über einem achtbogigen Arkadengang konfrontiert – fünf Arkaden spannen sich nach Westen, drei nach Süden, nehmen den Brunnen wahr, die vielen in den umliegenden Wänden vermauerten Steinskulpturen zeit- und ortsfremder Provenienz (Importstücke des 14. bis 16. Jahrhunderts aus Italien: Da klebt irgendwie verloren ein Wappen der Scaligeri am Zugang zum Neuen Bau, über dem Tor ein Venezianer Wappenstein mit Dogenkappe, beschäftigungslose Wasserspeier, eine Brunnenfassung aus der Toskana und andere Findlinge mit Migrationshintergrund) – dazu zählt auch der mächtige Markuslöwe, den Sie im tonnengewölbten Torraum des eben passierten Torturms links liegen gelassen haben –, nimmt hoch zur Rechten die Fassade der Schlosskapelle wahr, um dem vorspringenden Treppenturm, dem **Sternturm**, mit weit in den Nacken gelegtem Kopf nach oben bis zum aufgesetzten Würfel zu folgen,

*Der dritte Torturm mit gut erhaltenem Wappenstein von 1518*

Der Schlosshof mit Bogenhalle und Loggia.
Vorne rechts der Schlossbrunnen mit darunter liegender Zisterne.
Links der „Sternturm" mit der innen liegenden Wendeltreppe

der „zu obrist ein groß schlagend Ur" zeigt. Ihr Zifferblatt ist außen mit einem Sternzeichenkranz versehen, dem er seinen Namen verdankt. Ein noch erhalten gebliebenes Wappen ist das der dritten Frau unseres Leonhard, der Vorarlberger Gräfin Ursula von Montfort.

Der Burghof präsentiert sich mit seinen verspielten Renaissanceelementen als harmonische architektonische Komposition: Der beinahe schwerelos anmutende Arkadengang mit seinen farbenfrohen, von zwei lebhaften Turnierszenen dominierten Fresken, der Brunnen zur Rechten, der uns noch beschäftigen wird, die Loggia hinter Ihnen, die Laube, die anmutige Steintreppe fesseln die Aufmerksamkeit. Die bereits angedeuteten Steinskulpturen verdankt das Schloss dem wohlhabenden Münchner Kunstsammler **Alexander Günther**, einem sehr viel späteren Eigner dieser Burg, dem Schloss Prösels nach einer Zeit des steten Niedergangs und Verfalls – der letzte der Völs-Colonna war 1811 gestorben – eine großzügige „Besserung" verdankt: In den zehn Jahren (1887–1897), in denen sich das Schloss in Günthers Besitz befand, wurden die Türme eingedeckt, Malereien, vor allem die im Burghof, erneuert und bauliche Sanierungen sowie dringlich notwendige Bestandsicherungen durchgeführt. Der „Rittersaal" kam damals zu seiner jetzigen Ausgestaltung und Zweckbestimmung. Er widerspiegelt Geschmack und Geist des späten 19. Jahrhunderts, der unserem Leonhard, könnte er ihn heute besuchen, vermutlich ein verständnisloses Kopfschütteln abringen würde.

Oberhalb des Brunnens thront die innen und außen mit Fresken geschmückte Kapelle. Zu ihr kommen wir später.

*Alexander Günther, Schlossbesitzer von 1887–1897*

Im alten romanischen Halbstock des von Leonhard ausgebauten weitläufigen Palas (ein Blick in die Keller, die für Sie nicht zugänglich sind, würde Ihnen zeigen, dass wir tatsächlich ein halbes Stockwerk über „Normal-Null" sind), den wir auf unserem Gang zum Schloss von außen betrachtet haben, befindet sich nach Entfernung von Zwischenwänden die wieder in den ursprünglichen Zustand zurückversetzte **Pfeilerstube**: *„ein schene grosse Stuben, haist die Pfeilerstuben"*. Vier kunstvoll ausgeführte achteckige Sandsteinpfeiler schultern den darüber liegenden Palas. Die Pfeilerstube beherbergt als Leihgabe der Südtiroler Landesverwaltung die **Waffensammlung des Franz Anton von Kofler**, die sich bei unseren heranwachsenden männlichen Besuchern und bei Schülergruppen erwartungsgemäß großer Beliebtheit erfreut.

Es handelt sich hierbei um eine abenteuerliche wehrtechnische Zusammenwürfelung von Kriegsgerät aus dem 16. bis 19. Jahrhundert. Allein eine Lanze, Sie finden sie gleich rechts von der ersten Vitrine an die Mauer gelehnt, stammt aus dem beginnenden 16. Jahrhundert unseres Leonhard, scheint aber trotz ihrer martialischen Erscheinung eine Hochzeitsgabe gewesen und höchstens im Ehekrieg eingesetzt worden zu sein.

*Kofler'sche Waffensammlung im Pfeilersaal*

Harnisch, 16. Jh. Replik

Der Großteil der Exponate gehört neben den vielen Spießen aus dem 17. Jahrhundert der Zeit der Italienischen Einigung um die Mitte des 19. Jahrhunderts an. Diese Sammlung befand sich ehedem im malerischen Haus „unter der Porten" in Untervöls, einem der ehemaligen Völser Zugangstore, von denen wir schon berichtet haben. Als Kinder wagten wir uns mitunter bis ans Schlüsselloch des „Kofler Hauses", hinter dem die in unseren Augen mit unglaublichen Schätzen ausgestatteten Besitzer der Waffensammlung, die Bozner Architekten Pattis und Egger, ihre Kleinodien horteten. Und wir staunten und träumten unsere Bubenträume von Abenteuern, Rittern und glorreichen Helden und sehnten den Tag herbei, an dem wir zu wüstem Drachenkampf aufbrechen und die Welt vom Lindwurm befreien würden.

Im Westen des Burghofs erkennen wir die bereits erwähnte Spitzbogenloggia über einer Bogenhalle wieder. Ihre südliche dreibogige Fortsetzung führt über eine **Freitreppe** auf 17 Stufen nach oben und nach Durchquerung einer schmiedeeisernen Tür in einen kleinen Vorraum. Von hier aus kommen Sie auf der linken Seite über eine meisterhaft ausgeführte steinerne **Wendeltreppe**, die sich im Sternturm 36 Stufen rechtsdrehend, wie es sich aus verteidigungsstrategischen Gründen gehört, nach oben in den zweiten Stock des Palas schraubt und weiter zum dritten Stock führt, während Sie, den Zugang geradeaus nehmend, durch eine wunderschöne spätgotische Sandsteintür und über einen malerischen Gang in einem rechtwinkligen Linksknick schnurstracks in den Rittersaal gelangen. Folgen Sie im Zuge Ihrer Führung der Schraubendrehung weiter nach oben in den zweiten Stock, kommen Sie ins malerische **Kaminzimmer** und vor bis zum **Mohrenturm**, während Sie im dritten Stock, nach Südwesten weitergehend, in den alten, inzwischen überdachten Wehrgang am Bergfried gelangen, in dem Ausstellungen zu besichtigen sind – wir kommen noch dazu.

*Pike/Rossschinder aus der Zeit Leonhards*

*Hellebarden, Helme, Harnischteile
aus dem 16. Jahrhundert*

*Zweihänder, Mitte 16. Jh*

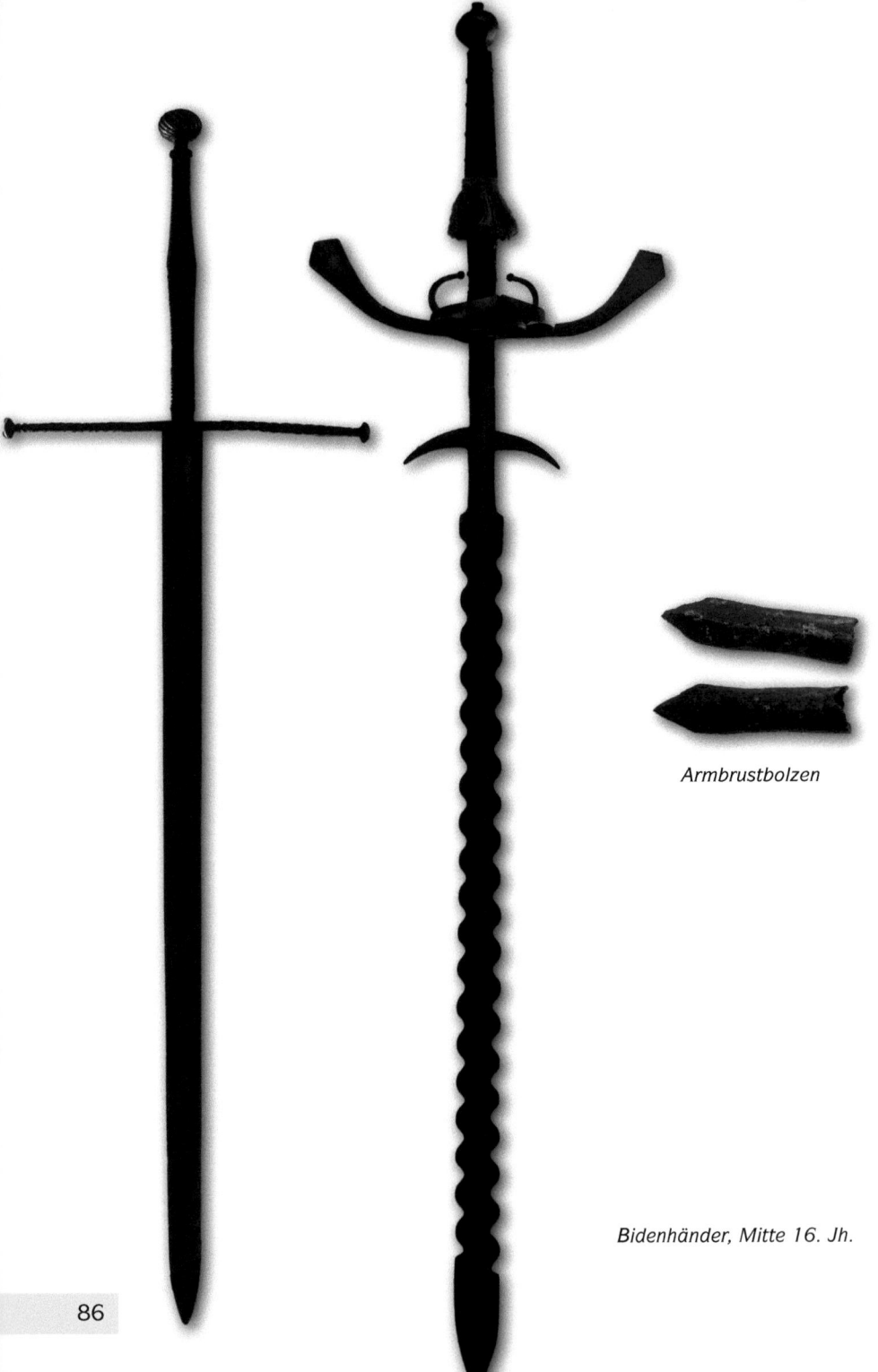

*Armbrustbolzen*

*Bidenhänder, Mitte 16. Jh.*

*Armbrust und Bolzen, Mitte 16. Jh.*

*Vorderladergewehre, 19. Jh.*

Noch stehen Sie aber im Schlosshof und bewundern die **Fresken**: Die Brüstungsfelder des Loggienganges zeigen unterschiedlich gut erhaltene Malereien, die die Kurfürsten darstellen, die den deutschen König, also Maximilian I., dem die Darstellungen gewidmet sind, erwählten. Im Inventar von 1600 findet sich folgende Stelle: *„so sein auch an dem Thurn und gemäurn herumb gegen dem Ersten Hof sagend gemäl, die Erwölung aines Römischen Kaisers (gemeint ist Maximilian I.), der gaistlichen und weltlichen Kurfürsten, wie sy in Irrn habiten zu Roß erscheinen, Auch aller Reichstennd Wappen, sambt annder darzue thrüglichen Figuren und aller lay gemälden geziert."* Auch wenn 1856 Ausbesserungsarbeiten an den Fresken vorgenommen wurden, die ihrem historisierenden Stil zufolge auch „Verbesserungen" nach damaligem Zeitgeschmack einschlossen, dürfte ein Großteil der Fresken doch keine völlige Neuschöpfung sein, sondern sich zumindest in figurativer Hinsicht am bestehenden Bestand orientieren. Über dem südlichen und westlichen Arkadengang finden Sie unseren Leonhard (rechts) in einem farbenfrohen Tjost mit seinem Kaiser – und dieses gleich zwei Mal. Die Ritterbilder in den Brüstungsfeldern der Steinstiege sind, wie Graf Oswald Trapp auf S. 405 – Anm. 60 des Tiroler Burgenbuches Band

Im oberen Bereich des westlichen Arkadenganges Turnierszene mit Tjost zwischen Maximilian und Leonl

*Der „Neue Bau" von 1569. Er verbindet den dritten Torturm mit dem Palas (rechts) und der Kapelle. Dahinter befindet sich die „Wagnerkammer" mit Renaissancefresken, die u.a. die älteste bekannte Darstellung von Völs (16.Jh.) zeigen. Zwischen den Torbögen ein Venezianer Wappen mit Dogenmütze, dem Corno Ducale*

IV. anmerkt, aber tatsächlich Neuschöpfungen aus der Jahrhundertwende (Ende 1800).

Auf der Südfront zeigt ein Fries aus der zweiten Hälfte des 16. Jahrhunderts Wappen von Familien, die mit den Völsern verschwägert waren.

Wenn Sie sich umdrehen und zum dritten Torturm zurückschauen, durch den Sie den Burghof betreten haben, blicken Sie auf den **„Neuen Bau"**, den Leonhards Enkel Kaspar 1569 als Abschluss des Burghofes und als Verbindung von Kapelle und Pfeilerstube aufführen ließ. Auf diese Weise erhielt der Burghof seine geschlossene Gestalt, die ihn zu einem Kleinod der Renaissancearchitektur macht. Im Neuen Bau ist nunmehr eine Fotoausstellung mit Fotografien aus der jüngeren Schlossgeschichte untergebracht. Dahinter

Brunnen mit Löwenspeier.
Italienische Renaissanceplastik

*Wappenstein des Caspar Colonna von 1569 in der Bogenhalle mit Schenkenberger Herzschild*

*Liegender Engel. Renaissanceskulptur in einer Fensterlaibung in der Bogenhalle*

*Freskodarstellung von Völs in der Wagnerkammer. 16. Jahrhundert*

gelangen Sie in die **Wagnerkammer**, die, mit Renaissancefresken ausgeschmückt, unter anderem auch die älteste erhalten gebliebene Darstellung von „Ur-Völs" aus dem 16. Jahrhundert zeigt.

Die **Burgkapelle zur hl. Anna**, die Sie hinter und über dem Brunnen aufragen sehen, entstand im Zuge der Neuaufführung der Burg gegen 1525–30. Das Schiff wird überwölbt von einem Netzrippengewölbe spätgotischer Prägung aus grauem und rotem Grödner Sandstein. Die Ausmalungen sind bis auf geringe Reste unter Kalkfarbe versiegelt. Diese belegen immerhin, dass der gesamte Kapelleninnenraum mit Fresken in Secco-Technik ausgemalt war. Zu sehen sind an der Decke die Evangelistensymbole und im Kirchenschiff einige der erhalten gebliebenen Apostelkreuze.

Ein **Tafelbild**, Kopie des ursprünglichen Altarbildes von einem „**Habsburger Meister**", (das Original befindet sich im Germanischen Nationalmuseum in Nürnberg), zeigt die Krönung Mariens und darunter Leonhard mit Regina von Thun, seiner ersten Frau und Katharina von Firmian, seiner zweiten, die er nach Reginas

*Glockenwand der Schlosskapelle zur hl. Anna. In ihr befinden sich zwei wertvolle Altarflügel von Hans Schäufelein und im Altarbild (Replik) die einzige bekannte Darstellung von Leonhard d. Ä. mit zwei seiner Frauen und seinen beiden Söhnen*

*Blick vom westlichen Arkadengang in den Schlosshof*

Tod ehelichte. Dargestellt sind im Hintergrund auch Reginas beiden hübschen Bürschlein, Melchior und Christof Mathes. Es ist dies die **einzige bekannte Porträtdarstellung von Leonhard d. Ä.** Sie stammt aus dem Jahr 1507, dem Todesjahr von Katharina Firmian. Seltsamerweise zeigt das Jesukind auf Marias Schoß eine frappante Ähnlichkeit mit Leonhards Gesichtszügen – Sehen Sie selbst! Es ist ein überraschend unkindliches, scharf geschnittenes Profil mit missmutig zusammengekniffenen Augen.

Die beiden Altarflügel aus der Hand des Dürerschülers **Hans Schäufelein**, der verschiedentlich für Maximilian tätig war (so mit Holzschnitten für dessen Bücher, den Theuerdank und den Weißkunig), werden von einer Alarmanlage gesichert, die die wertvolle Leihgabe der Grafenfamilie Toggenburg vor Bösewichten schützen soll. Auf den Altarflügeln sind unter anderen der hl. Leonhard, die hl. Katharina, der hl. Valentin, der kurzerhand ausquartierte ehemalige Kirchenpatron, der der hl. Anna das Patrozinium abtreten musste, dargestellt.

*Die Freitreppe führt über 17 Stufen in den Palas, im Halbstock zum Rittersaal und über eine Wendeltreppe ins Kaminzimmer im zweiten Stock. Im dritten Stock befindet sich im überdachten Wehrgang ein lichter Ausstellungsraum. Zwischen Treppe und Bogenhalle ist der alte romanische „viereggete Turn" verbaut*

*Leonhard mit seinen beiden Frauen Regina von Thun und Katharina von Firmian. Im Hintergrund Reginas Söhne Melchior und Christof Mathes*

Der Besucher, der sich nach Bewältigung der kurzen Freitreppe in den ersten Stock des Palas begibt, gelangt durch den erwähnten herrschaftlich dekorierten Gang in den **Rittersaal**, so wie er sich ihm heute in der angesprochenen Günther'schen Ausgestaltung präsentiert. Falls Sie „müssen": Rechter Hand vor Betreten des Rittersaals finden Sie ein lauschiges „heimliches Gemach" mit einer herrlichen Fernsicht durch ein kleines Fensterchen.

Die ursprüngliche Zweckbestimmung und die damit verbundene Ausstattung dieses Raumes, den wir heute Rittersaal nennen, sind offen. Ein Rittersaal dürfte er aber wohl schwerlich gewesen sein; in keiner der vergleichbaren Burganlagen aus Maximilianischer Zeit gibt es gleich zwei Räume dieser Größenordnung für Repräsentationszwecke oder Zusammenkünfte. Das Kaminzimmer, der Obere Saal im zweiten Stock, dürfte dafür eher in Frage kommen.

„... *ain weiter schenner Schneggen aus gehauten steinen stafflen*" führt Sie in zielstrebiger Rechtswindung nach oben in den zweiten Stock des Palas. Die meisterlich aus Umser Sandstein gefertigten Treppenstufen zeigen stolz verschiedene **Steinmetzzeichen**; viel-

*Zugang zum Rittersaal*

*Wappenstein der Völs-Colonna von 1517 im Rittersaal*

Der „Rittersaal" in Günther'scher Ausgestaltung Ende 19. Jh.

Rittersaal mit Erkern und Wappenstein der Völs-Colonna von 1

*Wendeltreppe in den zweiten Stock des Palas. Dort befinden sich das Kaminzimmer, die Bibliothek und die Ausstellung von Bildern aus der Batzenhäusl-Sammlung sowie von Schützenscheiben im Mohrenturm*

leicht können Sie sie im mystischen Halbdunkel ausmachen. Erleichterung macht sich breit, wenn Ihnen niemand von oben entgegenkommt, und dann befinden Sie sich im vorhin erwähnten **Kaminzimmer** mit herrschaftlichen Butzenscheiben und honorigem Mobiliar aus klassizistischer Zeit. Lassen Sie den Raum mit seiner herrlichen aus Leonhards Zeiten stammenden Balkendecke, dem Renaissancekamin, der dem damals einzigen beheizten Raum den Namen gab, und dem stilvollen Interieur auf sich wirken. Ihr Führer, Ihre Führerin wird Ihnen den ebenfalls aus Leonhards Zeit stammenden Schiebemechanismus am Erkerfenster zeigen. Die Holzmaserung der Balkendecke ist – nachgemalt! Eine Kalkschicht hat das Holz über die Zeit konserviert, wurde später entfernt und kunstvoll, sagen wir: kunstwillig, übermalt. Eine Truhe links neben dem Kamin stammt aus der „Hochzeit" des Schlosses unter Leonhard. Schauen Sie sich das originelle Schloss an: Es weist eine Führung auf, die auch bei mageren Lichtverhältnissen – oder wenn andere Umstände die klare Sicht der Dinge beeinträchtigten – dem Schlüssel den

*Das Kaminzimmer mit originaler Balkendecke aus dem frühen 16. Jh.*

*Erker im Kaminzimn*

richtigen Weg wies: Den zum und ins Schlüsselloch. Das mit einem mächtigen Andreaskreuz markierte Zugangstor im dritten Torturm hat ein ähnliches „führungsunterstütztes" Schloss aufzuweisen.

Auch die Damen und Herren „damals" verspürten mitunter ein dringliches Bedürfnis, ein „stilles Örtchen" aufzusuchen: In einer Ecke entdecken Sie ein ausreichend dimensioniertes **„heimliches Gemach"** mit einer Meissener Porzellanschale aus dem späteren 19. Jahrhundert, das mit dem von außen an der breiten Wand des Palas neben dem Erker markant sichtbaren Latrinenschacht korrespondiert.

*„Heimliches Gemach" mit Meissener Porzellanschale aus dem 19. Jh.*

Sie durchqueren nun nach links, also nach Osten weitergehend die Bibliothek – dazu später mehr – und finden als weitere Leihgabe der Südtiroler Landesverwaltung in zwei anschließenden Räumen die so genannte **Batzenhäusl-Sammlung** vor, die hier eine ruhige und vor Diebstählen sichere Bleibe gefunden hat. Die aus dem bekannten ehemaligen Künstlerlokal in Bozen stammende Bildersammlung besteht aus 98 Gemälden aus der Zeit vor dem Ersten Weltkrieg. Seit 1882 war das Batzenhäusl in der Andreas Hofer-Straße 30 in Bozen ein Treffpunkt von Künstlern, die in der Umgebung von Bozen Urlaub machten. Unter ihnen finden sich bekannte Namen wie Anton Braith, Christian Mali, Karl Anrather, Franz Defregger und

*Spätgotisches Portal im Kaminzimmer*

andere Maler der Münchner Schule. Einige großformatige Gemälde, darunter eines mit der Darstellung des Batzenhäusl, hängen im Kaminzimmer. Heute präsentiert sich das Batzenhäusl als stilvolles Altbozner Wirtshaus, das mit einem vorzüglichen Bier aus eigener Brauerei aufwarten kann.

Bevor Sie den so genannten **Mohrenturm** betreten, fallen Ihnen die Kleiderständer mit mehreren dem Mittelalter nachempfundenen Kleidungsstücken auf. Im Rahmen einer museumspädagogischen Führung können sich Kinder und Schülergruppen hier entsprechend einkleiden und erhalten wertvolle Informationen zum Thema mittelalterlicher Alltagsgeschichte.

Im Mohrenturm selbst befinden sich, diesmal als Leihgabe der Gemeinde Kastelruth, **Schützenscheiben** aus dem Ende des 19. bis Anfang des 20. Jahrhunderts. Kurioses und geschichtlich Interessantes hängen hier einträchtig in freundlicher Nachbarschaft über die Wände verteilt neben- und untereinander. Auf einer der Scheiben ist **Kaiserin Sissi** (Kaiserin Elisabeth, Sie wissen) mit einer Bäuerin und zwei zünftigen Tiroler Schützen dargestellt. Falls Sie mit dem **Tiroler Schützenwesen** weniger vertraut sind, wird Ihnen Ihre Führung sicher das Eine und Andere aus der wehrbereiten Geschichte unseres Landes erzählen. Kurz gesagt geht das Schützenwesen auf das so genannte „Landlibell" Kaiser Maximilians 1511 zurück, dem zufolge die Tiroler das Privileg erhielten, ausschließlich für die Verteidigung dieser Grafschaft Sorge zu tragen und keine weiteren Schützenkontingente außerhalb der Landesgrenzen stellen zu müssen.

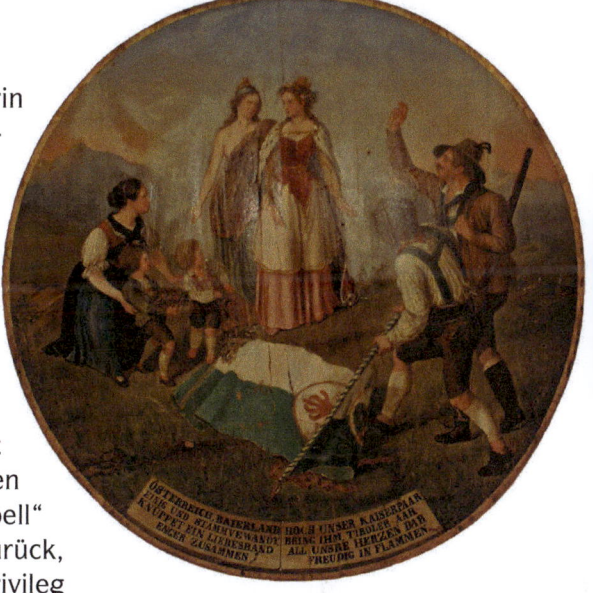

*Schützenscheibe mit Kaiserin Elisabeth von Österreich (Sissi, rechte stehende Frauenfigur)*

*Schützenscheiben im Mohrenturm. Leihgabe der Gemeinde Kastelruth*

Wenn Sie zum Kaminzimmer zurückgehen erreichen Sie, dem Weg nach Westen folgend, zuvor wieder die Bibliothek, die während der Bauernaufstände geplündert worden ist und nach Aussterben des Geschlechts der Völs-Colonna 1804 bzw. 1811 ihren gesamten Bestand eingebüßt hat. Ein Teil der Dokumente, Akten, Protokolle konnte immerhin gerettet werden:

**Andreas Alois Baron Di Pauli** (1761–1830) sammelte und studierte Zeit seines Lebens Handschriften, Akten, Dokumente und alte Drucke, die sich mit der Tiroler Geschichte und der Kultur unseres Landes befassen. Seine Sammlung, von ihm selbst „Bibliotheca Tyrolensis" genannt und später als **„Bibliotheca Dipauliana"** in Fachkreisen bekannt geworden, kam nach dem Tod des wegen seiner Verdienste zum Baron erhobenen Di Pauli nach Wien und ist heute im **Ferdinandeum in Innsbruck**, der von Kaiser Ferdinand gestifteten Bibliothek, untergebracht. Es ist in Bezug auf unsere Lokalgeschichte ein großes Verdienst, dass Dipauli 1828 die Reste des sich nach Felix Colonnas Tod in alle Windrichtungen zerstreu-

*Die Bibliothek. Der ursprüngliche Bestand ist im Zuge der Bauernaufstände und im Lauf der häufigen Besitzwechsel zur Gänze verloren gegangen, darunter auch die Abschriften der „Tiroler Freiheiten". Die Mineraliensammlung ist eine Schenkung von Willi Schmuck, Seis*

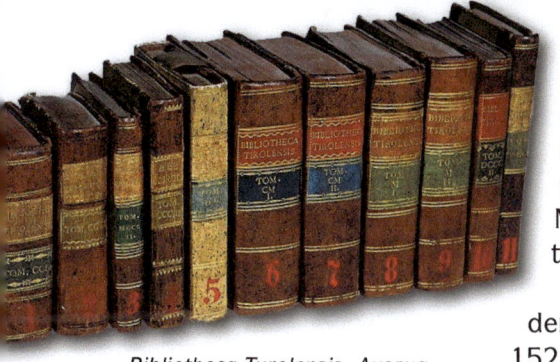

*Bibliotheca Tyrolensis. Auszug*

enden Archivs des Schlosses gesammelt hat und einiges buchstäblich in letzter Minute für die Nachwelt retten konnte.

Einen Teil des während der Bauernaufstände im Mai 1525 verloren gegangenen Archivmaterials fand Di Pauli aufgrund von Hinweisen aus der Bevölkerung bei einem Völser Schuster in einer Kiste und überraschte den völlig ahnungslosen Handwerker dabei, wie er mit dem kostbaren Pergament ungerührt die Zwischensohlen der von ihm gefertigten Schuhe belegte. So trampelten die Völser buchstäblich auf ihrer eigenen Geschichte herum, bis Dipauli dem Treiben ein Ende setzte und die Kiste an sich brachte.

Unsere Kenntnis der im Schloss abgehaltenen **Hexenprozesse von 1506 und 1510** verdanken wir den in einem der 1390 Bände der Dipauliana sichergestellten Prozessakten. Zu unserem Bedau-

*„Richterzimmer", in dem nach einer Überlieferung die Beratungen zu den Hexenprozessen stattfanden*

*Eine spätgotische Spitzbogenpforte führt abwärts in den „viereggeten Thurn"*

ern fehlen in Dipaulis Foliobänden sämtliche Schriften über den Umbau des Schlosses.

Auf Ihrem Weg weiter nach Westen betreten Sie einen gemütlichen, holzgetäfelten Raum, das so genannte **„Richterzimmer"**, in dem die Beratungen zu den Hexenprozessen stattgefunden haben sollen, ein Umstand, durch den – zumindest in meiner Wahrnehmung – der Raum einiges an Flair einbüßt. Anschließend daran finden Sie im Halbdunkel den Durchgang, der Sie durch eine hübsche spätgotische Spitzbogenpforte einige Treppenstufen nach unten **in den romanischen Teil des Bergfrieds** führt. Blicken Sie auf den Boden: Ein mehr der Sicherheit als der Ästhetik verpflichtetes Gitter gibt einen Blick in unheilvolle Tiefe frei. Das steingefasste runde Loch im Boden mit 75 Zentimetern Durchmesser weist drohend in einen sechs Meter darunter liegenden **Gefängnisraum** von klaustrophobischen fünf Quadratmetern Grundfläche (268 x 255 cm lichte Weite). Sie befinden sich im *„viereggete(n) Thurn, der bis heer zw ainer gefanncknis braucht worden ist",* wie das Inventar von 1618 anmerkt. Ein Durchbruch auf der Nordseite zur ebenen Erde, also im Schlosshof unter der Freitreppe, führt Sie nachher, wenn Sie möchten, in die Gegenrichtung und zeigt Ihnen in sechs Metern Höhe das Loch, durch das Sie gerade eben in die Tiefe und sich mithin – zeitversetzt – selber in die Augen starren. Als wir im Kindesalter immer wieder einmal mit den Eltern auf unserem sonntäglichen Spaziergang "im Schloss" bei Herrn Mathà, dem damaligen Besitzer, zu Besuch waren, fieberten wir in einem Wechselbad aus Furcht und Faszination stets diesen beiden Zielen entgegen: Dem schaurigen Brunnen – und dem Fallloch, durch das, wie uns damals erzählt wurde, die Gefangenen nach unten in den Tod geworfen worden seien.

Über eine Wendeltreppe in den dritten Stock zurückgekehrt öffnet sich Ihnen ein freundlicher, heller Ausstellungsraum, der überdachte und durch große Fenster geschlossene **"Wehrgang"**, in dem Werke zeitgenössischer Künstler auf interessierte Kunstliebhaber warten. Eine Sammlung von Bildern der Künstler, die im Lauf der Jahre im Tischlerhaus ausgestellt haben, bietet einen äußerst interessanten Querschnitt durch die Kunstszene der vergangenen zwei Jahrzehnte.

*Fallloch zum Verlies im Bergfried. Dahinter ein Zimmer mit prächtigen Renaissancefresken mit Pflanzenornamenten in den Fensterlaibungen*

Als weitere Besonderheit sehen Sie eine von Leonhard 1487 an den „viereggeten Turm" gemalte **Sonnenuhr** (nun ja, gemalt hat wohl ein anderer). Es ist dem Umstand zu verdanken, dass der Schlossherr in seinem Bestreben, den alten romanischen Turm verschämt hinter dem südlich vorgebauten Trakt zu verstecken, dieses Fresko damit unwillentlich vor einem Ausbleichen und dem gefräßigen Zahn der Zeit schützte. So zeigt es bis heute sein farbenfrohes Gesicht. Hier setzt Leonhard diesmal seiner Mutter, Dorothea von Weineck, ein heraldisches Denkmal. Und natürlich dürfen die Österreicher

*Durch den dem alten romanischen Turm vorgesetzten Vorbau ist die Sonnenuhr mit dem ältesten Säulenwappen (rechts oben) der Völser im dritten Stock hervorragend erhalten geblieben. 1487*

nicht außen vor bleiben: Ihr Bindenschild prangt im Zentrum des Freskos, außen herum sind drei Völsische Wappen abgebildet: Kreuz, Säule (noch eine einzige, zu diesem Thema noch mehr) und Rose. Obenauf leuchtet allen friedlich Versammelten eine kräftig strahlende Sonne. Dieses Fresko und seine Entstehungszeit werden uns noch beschäftigen.

Wir steigen über eine weitere Wendeltreppe zum Schlosshof hinunter und kehren direkt in der Loggia ins Tageslicht zurück. **Der Brunnen**, zu dem wir nach Verlassen des dritten Stocks, fasziniert vom herrlichen Blick in den Schlosshof, hinunterschauen, ist der sichtbare Teil einer aus dem nackten Porphyrfelsen geschlagenen Zisterne im Ausmaß von 9 x 5 Metern mit drei Metern Tiefe, eine bauliche Leistung, die zur Zeit Leonhards viel Aufsehen erregte und dem namentlich unbekannt gebliebenen Meister weitere Aufträge bescherte. Der überdachte Vorbau und das schmiedeeiserne Geländer sind in späterer Zeit hinzugefügt worden. Die Zisterne fasst angeblich 30.000 Fuder Wasser, das von den Dächern in drei Leitungen in die Zisterne geleitet wurde. 1 Fuder = 8 Yhren, was 622,48 Litern entspricht. Demnach hätte die Zisterne, auf die Leonhard so stolz war, in prall gefülltem Zustand 18 Millionen Liter gefasst – eine heftige Übertreibung, wie eine Vermessung von 1975 ergab, die auf ein Fassungsvermögen von etwa 700 Hektolitern kam.

*Der Schlossbrunnen mit der darunter liegenden aus dem Porphyrfelsen gehauenen Zisterne*

*Ausstellungsgalerie im dritten Obergeschoss.
Rechts der leicht vorkragende Bergfried*

Unter der **Loggia** und hinter der Bogenhalle befinden sich die Wohnräume, die der letzte Besitzer des Schlosses, Herr Mathà, bewohnte. Ein schöner heller Bereich beherbergt eine Ausstellung von 21 Werken der mit dem Schloss freundschaftlich verbundenen Künstlerin Lotte Copì.

**Ein paar Worte zum alten romanischen „viereggeten Turm":**

Wir ließen den archaischen Wächter einer längst vergangenen Zeit vorerst unbeachtet rechts liegen, als wir uns über die Freitreppe und die Wendeltreppe nach oben gearbeitet hatten, obwohl wir uns ihm im "Wehrgang" bei der Betrachtung der Sonnenuhr bis auf Tuchfühlung angenähert hatten. Der romanische Turm, den Leonhard beinahe bis zur verschwindenden Unkenntlichkeit in den Neubau integrieren ließ und dem er so, als schäme er sich für diesen ungeschlachten Burschen, den erwähnten Vorbau vorsetzte,

*Wendeltreppe zur Loggia*

besitzt einen quadratischen Grundriss von 2,7 x 2,6 Metern und eine bemerkenswerte Mauerstärke von 140 cm. Der Kellerraum wurde in späterer Zeit mit einem Tonnengewölbe überwölbt. In der Mitte befindet sich das kreisrunde, mit einem Gitter abgedeckte Loch von 75 cm Durchmesser, das man, ebenerdig in den Turm eintretend, sechseinhalb Meter in der Höhe als leuchtenden Fleck erkennen kann – Sie erinnern sich? Sie haben dieses grausige Stück Turm kurz vorher auf einer Stippvisite hinter dem „Richterzimmer" im zweiten Stock kennen gelernt. Eine Legende aus meinen Kindertagen wollte von einem Geheimgang wissen, der von dieser Stelle aus zum Pulverturm geführt habe. Die Archäologin, die gerade mit Grabungsarbeiten am Fundament des zweiten, eingefallenen romanischen Turms, dem „Rechteckigen", beschäftigt ist, meinte schmunzelnd, ich solle mir die Gegebenheiten einmal genauer anschauen. Sie drehte den grellen Quarzscheinwerfer gegen den Boden und sagte, sie sei, wie ich deutlich sehen könne, beim Abheben der Schichten gerade auf den nackten Felsen gestoßen, mithin scheide ein zugeschütteter Gang ja wohl aus.

Nur ungern verabschiede ich mich von einem weiteren Bubentraum und wende mich den nackten Tatsachen zu.

Es scheint mir wenig sinnführend und würde den Rahmen dieses Schlossführers, sagen wir lieber: Schlossbegleiters, erheblich sprengen, wollte ich all die Artefakte, Einrichtungsgegenstände und das Mobiliar, alle die vielen Kunstgegenstände, die die Räumlichkeiten des Schlosses beherbergen, im Detail aufführen wollen (ich kann's nicht) oder sollen (ich würde mich informieren). Zu spärlich sind die aus Leonhards Zeit erhalten gebliebenen Originale, zu abenteuerlich die von den vielen Besitzern eingebrachten und aus unterschiedlicher Herkunft zusammengekommenen Gegenstände im Schloss, um in mir Motivation zu wecken, mich mit dem bunten Interieur zu befassen. Fragen Sie im Bedarfsfall Ihren bestens informierten Führer um Auskunft und lassen Sie im Übrigen die Atmosphäre dieser herrlichen Schlossanlage auf sich wirken. Die Jahrhunderte beginnen dann von sich aus zu erzählen.

Sie brauchen nur zuhören.

*Ausstellung von 21 Werken der Künstlerin Lotte Copì im Wohntrakt*

*Truhe aus dem frühen 16. Jahrhundert mit „Schlüsselrutsche" im Kaminzimmer*

## Alltagsleben im Schloss – Alltagserleben beim Schloss

Natürlich war auch das Gericht Völs ins Feudalsystem eingebunden – aus welchem Grund sollte es auch eine Ausnahme machen? –, und die Hörigen, also so gut wie alle Bauleute, hatten dem Brixner Domkapitel, dem Hochstift, den Neustiftern oder eben den Schenkenbergern und unserem Leonhard ihren Zins abzuliefern. In den Urbaren waren die auf einer Hofstelle lastenden Dienste und Abgaben von alters her penibel festgehalten.

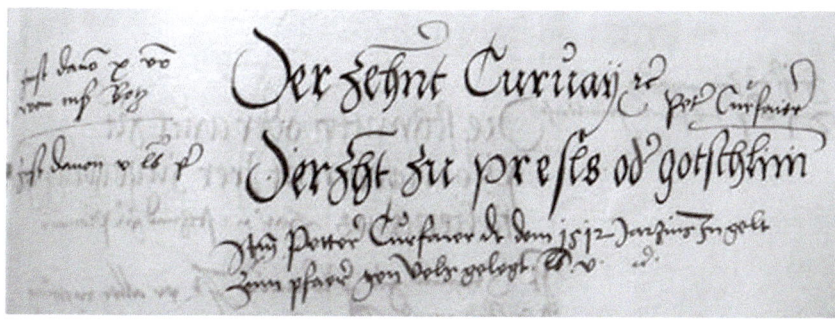

*Peter Curfaier zinst 1512 an Prösels und an den Pfarrer von Völs. Auszug aus dem Neustifter Placitum des Georg Kirchmair*

Ein Beispiel möge dies veranschaulichen: Nehmen wir den **Schantl-Hof** in Prösels, 200 Meter vom Schloss in Richtung Ums, wo wir schon in der Nähe sind.

**Einige Wörter und Zahlen in damaliger Schreibweise:**

| | |
|---|---|
|  | Zehent |
|  | W(B)aitzen (Weizen) |
|  | Roggn (Roggen) |
|  | Gersten (Gerste) |
|  | Air (Eier) |
|  | Hirsch (Hirse) |

| | | | | | | | | |
|---|---|---|---|---|---|---|---|---|
|  3 | 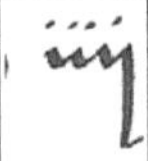 4 | 5 |  6 |  7 |  13 |  15 |  20 |  27 |

Der Schantl-Hof war mit Folgendem an das Schloss belastet:

Zu Martini (11. November):
16 Star Herbstweizen,
16 Star Roggen,
15 Star Gerste und
11 Star Hafer, dazu
1 Gulden 18 Kreuzer Geld,
1 Kitz,
31 Eier,
1 Leghenne und
2 Hühner

**Bei der Weinernte** (die war ja nicht in jedem Jahr zur selben Zeit)
2 Yhren Weißen Most und einen Tag Robot in das Schloss

Damit Sie sich ein Bild davon machen können, wie viel das war:
*1 Korn-Star = 29,5 l*
*1 Most-Yhre = 82 l*
*1 fl (Florentiner Gulden) = 3,5 Gramm Gold bzw. 30 Gramm Silber; er hatte 60 Kreuzer (kr)*
*1 alte Mannsmahd = 2886 $m^2$*

Unter Robot verstand man damals nicht „eine weitgehend autonom arbeitende Maschine" (Wikipedia), sondern eine Dienstleistung, eine von leibeigenen Bauern für ihre Lehnsherren zu erbringende körperliche Arbeit. Das Wort stammt aus dem Tschechischen und nicht aus dem Englischen, wie man meinen könnte, und es ist uralt.

Sie fragen sich vermutlich, was denn die Feudalherren mit dem Überfluss an Gerste, Roggen, Hafer und so weiter anfingen. Man konnte in Getreide baden wie Dagobert in seinen Talern. Das schon. Man konnte monatelang im Gerstenbrei rühren und „Friegele" (Milchsuppe mit Mehlgraupeln) schlürfen. Aber was zu viel ist, ist zu viel. Und es handelte sich immerhin um verderbliche Ware, man denke an die Mäuse und so weiter. Was tun, wo die Kühlschränke zur damaligen Zeit doch eher rar waren. Kühlschränke?, fragen Sie irritiert, wo Kühlschränke doch erst 1876 von Carl von Linde erfunden worden sind, also 400 Jahre später. Kühlschränke gab es natürlich damals nicht, sehr wohl aber so genannte **„Kalte Keller"** (auch Eiskeller genannt). Wenn Sie Lust auf einen ausgedehnten Spaziergang haben, können Sie sich auf dem „Aichner Höfeweg",in den Sie beim Schlossparkplatz einsteigen können, auf eine Wanderung Richtung Völser Aicha begeben. Sie werden bald auf einen solchen Eiskeller stoßen. Beschreibungstexte erklären die Funktionsweise. Im Prinzip schaffte man im Spätherbst Eis von den Bergen, lagerte es ein und deckte die Eisblöcke zur Isolation mit Stroh ab. Das Ganze funktionierte völlig stromlos – nun ja, es gab ja auch noch keinen. In einer Quelle habe ich einen Hinweis auf einen „Keller bei Plamau" gefunden, der dort zur Zeit Leonhards bestanden hatte und in dessen Besitz war. Mit großer Wahrscheinlichkeit wurden verderbliche Lebensmittel für den Eigenbedarf der Schlossbewohner im nahen Kalten Keller auf dem heutigen „Höfe-Weg" eingelagert, zum anderen Teil nach Blumau geschafft, dort gesammelt und auf dem Kornplatz zu Geld gemacht, das sich leichter hält als Eier und Getreide. Leonhard besaß dort ein Drittel des Weinmessamtes und wird wohl auch für den Umschlag von weniger Geistreichem gesorgt haben. Zudem bestanden in Ums und Prösels so genannte **Zehentdillen** mit Stadel und Keller, in denen die Lebensmittel eingelagert wurden.

Eine fiktive Geschichte mag den Sachverhalt der Abgabe des Zehnten zu Martini illustrieren. Die Namen der handelnden Personen sind authentisch; sie haben zur damaligen Zeit gelebt.

## Abgaben an das Schloss

*Der Zehnte*

Unglaublich das Getümmel rings um den Baumann, vor dem Schloss! Der Knecht, der oben im dritten Geschoss der „Porten", des äußeren Torturms, eine Kammer bewohnte und den Pförtnerdienst zu versehen hatte, schrie dem Schantel, der gerade im Begriff war, seine beiden Ochsenfuhrwerke nahe am Fischteich abzustellen, ein paar Grobheiten zu, damit er sich entfernte; der Herr hat's verboten, dass sich die Bauleute am Graben zu schaffen machten und sich am Weiherwasser gütlich taten. Sie sollten sich drüben beim Baumann bedienen und von der Burg fernbleiben. Wo kommen wir hin, wenn sich jeder Hintersasse hinpflanzt, wo es ihm gerade gefällt! Es sollte gefälligst ein Mindestabstand zu Teich und Burgtor eingehalten werden, schon des Respekts wegen!

Der Schantel zog sich fluchend zurück. Was sich die Burgknechte nur immer einbildeten! Der Barthlme Keuff gar, den er schon als Rotzlöffel gekannt hat und den er einmal sogar eigenhändig aus der Sure gezogen hat, in die er hineingefallen war. Geschimpft hat er damals, der freche Wicht, gekeift und gespuckt, als habe er ihn dort hineingeschmissen! Kein Wunder, dass er sich auch jetzt so aufspielt! Wenn da bloß nicht die Mauer wäre! Da könnte er schon was erleben, der Keuff, der außer seinem Talent im Keifen nicht viel an Schmalz zu bieten hatte!

Öööh! Die Ochsen hatten das Wasser gerochen und wollten nicht zurück. Ööööh! „Ist der Herr Keuff nun zufrieden?!", brüllte er in Richtung der Porten und stemmte sich gegen den stetigen Schub der grauen, massigen Leiber. „Ööööh! Oder soll ich lieber Ihn ins Joch spannen?"

Es hatte sich viel Volk eingefunden vor der Burg und es machte sich trotz all der unterschwelligen Unwillen dennoch so etwas wie ein Anflug von Jahrmarktstimmung breit. Man sah sich ja nicht allzu oft, die von Aicha, die vom Ried und St. Christanzen (St. Konstantin) gar nur zweimal ´s Jahr.

Martini. Die Felder standen goldgelb in der Spätherbstsonne; der Himmel strahlte in einem tiefen Blau, wie es nur zu dieser Zeit zu sehen war, und die Morgenschatten lagen auf den kalten Wiesen wie große nasse Tücher. Wenn's bloß nicht dieser Anlass wäre! Nachgerade pfeifen könnte man da oder mit der Ziegoaßl schnölln! Aber so ...

Die Ernte war üppig ausgefallen, Roggen gab's sogar besonders reichlich, sowie Weizen, Gerste, Hirsch (Hirse), Hafer und Schwarzplenten, der erst noch fertig ausreifen musste und in den vergangenen Wochen war ununterbrochen das hölzerne Klappern der Drescher, das hurtige Klicken der Mühlen zu hören gewesen. Meilenweit trug die gläserne Luft die Geräusche herbstlicher Geschäftigkeit. Das ganze Jahr über war man vom Hexenunwesen verschont geblieben, kein ernstzunehmendes Gewitter war nieder gegangen bis auf das eine kurze um Fronleichnam. Das war ganz ohne Zweifel die Wirkung des Bischofs Segen gewesen, der auf Bitten Herrn Leonhards eigens von Brixen heraufgeritten war, um die Stecken zu weihen, nachdem es vergangene Ostern derart gewittert hatte.

„Kann ich ein bisschen schauen gehen, was los ist?"
Matheis, der mitgefahren war, sah den Vater bettelnd an. Ah, der Martein, der Peternadermüller! Mit dem hatte er noch einen Handel offen seit Jakobi. „Meinetwegen", sagte er an den Kleinen gewandt und zog sich den Rock zurecht. „Kannst ein bissl gehen, wenn ich wieder da bin. Nachher musst halt beim Abladen helfen. Und du, Thomas", sagte er an seinen Knecht gewandt, der keine Zeit hat verstreichen lassen und schon munter beim Karten war, wobei ein Mostfass als Tisch herhalten musste, „du holst dem Vieh nachher ein paar Eimer Wasser."

Sie hatten den jährlichen Grundzins abzuliefern. Schon wieder Martini! Wie schnell die Zeit verging! Die Knechte drinnen im Zwinger lärmten und machten alles zur Übernahme bereit. „Wird's bald, oder sollen wir auf unserm Zeug verschimmeln!" Der Schantel schob sich zum Peternader vor und legte die Hände als Trichter an den Mund. „He drin im Schloss!" Die Bauleute machten ihm eine Gasse frei. Man kannte ihn, den ungestümen Benedict, der trotz seines zahmen Namens Fäuste hatte, die ein Hufeisen biegen konnten und ein Mundwerk, das dem weitum gefürchteten des jungen Herrn Melchior um nichts nachstand. „Euer Zeug?", kam's von drin, von der Höhe der Porten höhnisch zurück. „Ah ja? Wir werden euch gleich ein wenig erleichtern, damit ihr nicht so mühselig und beladen seid, Ihr Herren!"

Der Schantel gab einen gotteslästerlichen Fluch von sich, der die besonders Frommen unter den Versammelten zurückschrecken und manche sich gar hastig bekreuzigen ließ. Nachdem er mit dem Peternader handelseins geworden war, schob er sich zu seiner Fuhre zurück und streifte mit wehen Blicken die auf die beiden Wagen verteilte Ladung: sechzehn Star Herbstweizen und Roggen, fünfzehn Star Gerste und elf Star Hafer hatte er zu zinsen, dazu ein Kitz, eine Henne, zwei Hühner und einunddreißig Eier. Im Wimmat (zur Zeit der Weinlese) noch ganze zwei Yhren weißen Most. Er knirschte mit den Zähnen. Der Most! Von dem konnte er sich am schwersten trennen. Ja, und dann war da noch ein Tag Robot im Schloss abzuleisten. Die hatten ihn kennen-

*Bauern liefern den Zehnten ab*

gelernt, wie er im Sommer eine Mannsmahd Wiese im Schlossanger abzumähen hatte! Eine ganze Stunde vor dem Betläuten war er fertig gewesen. Da hatten sie geschaut, die Knechte, und keiner hat mehr 's Maul aufgekriegt!

Und während er angesichts der drückenden Gegenwart in glorreichen Erinnerungen schwelgte, ging das Tor auf, und der erste Karren rollte rumpelnd und knarrend über den Graben in den Zwinger.

Auch um 1500 hatte das Leben seinen Preis: Tauschhandel, Abgaben, Geldwirtschaft verlangten nach Regelung und Normierung

## Das Tiroler Münzsystem 1486
### Münze bzw. Recheneinheit – Umrechnungswert

|  | Berner | Vierer | Kreuzer | Sechser | Pfundner | Halbguldiner | Guldiner | Mark Berner |
|---|---|---|---|---|---|---|---|---|
| Berner | 1 | 1/4 | 1/20 | 1/120 | 1/240 | 1/600 | 1/1200 | 1/2400 |
| Vierer | 4 | 1 | 1/5 | 1/30 | 1/60 | 1/150 | 1/300 | 1/600 |
| Kreuzer | 20 | 5 | 1 | 1/6 | 1/12 | 1/30 | 1/60 | 1/120 |
| Sechser | 120 | 30 | 6 | 1 | 1/2 | 1/5 | 1/10 | 1/20 |
| Pfundner (Pf.Berner) | 240 | 60 | 12 | 2 | 1 | 1/2,5 | 1/5 | 1/10 |
| Halbguldiner | 600 | 150 | 30 | 5 | 2,5 | 1 | 1/2 | 1/4 |
| Guldiner und Goldgulden | 1200 | 300 | 60 | 10 | 5 | 2 | 1 | 1/2 |
| Mark Berner | 2400 | 600 | 120 | 20 | 10 | 4 | 2 | 1 |

Ein „Vierer" hatte ein Stückgewicht von 0,53, ein Kreuzer ein solches von 1,06 Gramm Silber. Ein „Guldiner" wog 30 g, wobei der Feinsilberanteil aufgrund der schwankenden Marktpreise für Silber – die Schwazer Silberausbeute war um 1520 so gut wie vollständig an die Fugger verpfändet worden, und nun musste das Münzsilber auf dem freien Markt eingekauft werden – z.T. beträchtlich variierte. Indem beispielsweise 1523 aus einer Mark Feinsilber bei einem Einkaufspreis von 9 Gulden 17 Kreuzer Münzen im Wert von 10 Gulden und 24 Kreuzer geschlagen wurden, konnten durch die Differenz die Prägekosten noch abgedeckt werden; 1532 überschritt der Silberpreis aber schon den „Münzauswurf" und belief sich auf 10 Gulden 50 Kreuzer pro Mark Silber, was zum fast vollständigen Erliegen der Münze in Hall führte. Diese Entwicklung begann aber schon unter Maximilian I., der die Schwazer Gewerken (ein Hans Baumgartner war vielleicht der Produktivste unter ihnen;

er war zudem Chef der Innsbrucker Raitkammer und mit Sicherheit mit unserem Leonhard in regem Austausch) mit dem „Bergregal" dazu zwang, das gesamte in Schwaz geschürfte Silber zu einem Preis von lächerlichen 5 Gulden pro Gewichtsmark an ihn zu verkaufen. Auf dem freien Markt hätte dieselbe Menge acht gebracht. Mit der Differenz wurde Maximilians Raitkammer gefüttert und bildete die eigentliche finanzielle Basis seiner Ausgabenpolitik. Das Silber wurde nun fast zur Gänze in Barrenform zur Begleichung der Anleihen verwendet, ging also im Wesentlichen, wie bereits angeführt, an die Augsburger Fugger. Von 1491 bis 1494, zur Zeit also, als Leonhard Salzmair in Hall war, beliefen sich die Anleihen auf insgesamt 286.000 Gulden! Im Jahr 1515 waren die Schulden der Raitkammer gegenüber Jakob Fugger („der Reiche" genannt) auf 300.000 Gulden angewachsen. Maximilians Nachfolger, Karl V., wurde von den Habsburgern mit der von den Fuggern vorgestreckten immensen Bestechungssumme von 600.000 Gulden, die an die Kurfürsten floss, „eingekauft". Natürlich mussten wir Tiroler für den Ausgleich herhalten. Und ohne das Tiroler Silber wäre wer weiß wer Kaiser geworden – der Papst hatte zu Maximilians Zeiten den König von Frankreich favorisiert. Ein westfränkischer, französischer Kaiser? Den hatte es seit Karl II. (875) nicht mehr gegeben! Aber 300 Jahre später wird sich Napoleon I. Bonaparte die Kaiserkrone aufsetzen...

Das Gewicht von Silber wurde in „Mark" gemessen, wobei einem Tiroler Mark 281 g entsprachen.

*Guldiner Sigmunds von Tirol: (31.43 g). SIGISMVNDVS: *: ARCHIDVX • AVSTRIE*

Mit der Schaffung der Nominale „Guldiner" (Gulden) im Zuge der Tiroler Münzreform 1482 bzw. 1486 durch Erzherzog Sigmund hatte die europäische Wirtschaft eine gewisse „Normierung" erfahren, die dem Handel ziemlichen Aufschwung bescherte. Während bis dahin wie im übrigen Mitteleuropa auch in Tirol Goldgulden („Gulden" stammt von „gülden" = aus Gold) verschiede-

*Ein altes Relief an einer Mauer in Rostock: Ein Münzschläger, Detail des Originalbildes*

ner Provenienz kursierten wie der „floreus"(fl) aus Florenz, „Zecchinen" aus Venedig, Goldgulden aus Ungarn und solche der rheinischen Kurfürsten („Gulden rheinisch"), wurden in Tirol aufgrund des Schwazer Silberreichtums vorwiegend Silbermünzen geprägt: der Pfundner, der Sechser als halber Pfundner, der als Halbguldiner zur wichtigsten Währung avancierte, und schließlich der Guldiner (auch „Unzialis" – von „Unze" = Gewichtsmaß von 30 g – genannt).

Dass neben dem „Gulden" ab der zweiten Hälfte des 16. Jahrhunderts der sogenannte „Taler" in Umlauf kam, führt sich eigentlich letztlich auch auf den Tiroler Silbergulden zurück: Die Grafen von Schlick (Adelige aus dem „Dunstkreis" unseres Leonhard: sein Enkel Kaspar hatte eine böhmische Adelige, Anna Karolina Gräfin von Schlick, geheiratet) betrieben mit beträchtlichem Engagement eine Münze im Joachimsthal in Böhmen, nach welcher der dort geprägte silberne Guldiner bald „Joachims-Taler", später aber nur

*Taler mit dem Porträt des Rex Romanorum Maximilian I. (1486–1519)*

mehr schlicht „Taler" genannt wurde. Dass die amerikanische Währung, der Dollar, sich begrifflich von diesem Taler herleitet, sei nebenbei erwähnt, zeigt aber die Bedeutung, die dieses Zahlungsmittel über die Landes- und Reichsgrenzen hinaus genoss. Ihr Engagement für die Reformation wurden den Grafen Schlick zum Verhängnis: Sie verloren Joachimsthal an die Habsburger und zur Zeit des Kaspar war auch wegen der überseeischen Silberimporte die Prägung von Talern von über 200.000 (1533) auf 6.000 gefallen.

\* *Die hier abgedruckte Tabelle stammt aus dem „Tiroler Münzbuch" (siehe Literaturliste).*

## Einige Maße und Gewichte zur Zeit Leonhards d. Ä.

| | |
|---|---|
| 1 Wein-Yhre = | 12 Pazeiden zu 6,5 l = 78 l |
| 1 Most-Yhre = | 82 l |
| 1 Fuder Wein = | 622 l |
| 1 Futter-Star = | 42,5 l |
| 1 Korn-Star = | 29,5 l |
| 1 Galfe = | 9,6 l |
| 1 Mutt = | 41 l |
| 1 Hauer = | 3 x 288 m² |
| Bozner Fuß = | für großen Klafter 0,33 m |
| 8 Fuß = großer Klafter = | 2,68 m |
| 6 Fuß = kleiner Klafter = | 2,01 m |
| 1 Holzklafter = | 16 x 4 x 2,5 Tiroler Fuß = 160 Tiroler Kubikfuß = 6,06 m³ |
| 1 alte Mannsmahd = | 2886 m² |
| 1 kleines Pfund = | 18 Unzen = 0,5011 kg |
| 1 großes Pfund = | 0,889 kg |

# Die Hexenprozesse

## Die Hexenprozesse von 1506 und 1510 ...

... bleiben, falls Sie sich mit dem Schicksal des Schlosses und den Menschen im Gericht Völs eingehender befassen wollen, auch Ihnen nicht erspart, zu sehr sind sie mit Leonhard dem Älteren, dem Völser Gerichtsherrn, dem Landeshauptmann und Burggrafen zu Tirol und diesem Schloss verbunden.

Begeben wir uns zurück in die Jahre der frühen Neuzeit, die, eben erst angebrochen (Kolumbus, 1492, Sie wissen), in vielem noch Auswirkungen des düsteren Mittelalters zeigt, ja dieses eigentlich, wie sollte es anders sein, weiter fortführt, obwohl es ihm ja mit Humanismus und Renaissance entkommen zu sein glaubte. Zeitströme fließen ineinander, Epochen folgen aufeinander, alles ist organisch und nirgends gibt es einen „sauberen Schnitt".

Papst Innozenz VIII. löste 1484 – also „noch im Mittelalter befangen" – mit seiner Bulle „Summis desiderantes affectibus" eine europaweite Welle der Hexenverfolgungen aus, die 1501 auch an die Grenzen Tirols brandete: In Cavalese (Val die Fiemme, Fleimstal) wurde ein Beschuldigter der Hexerei bezichtigt und verbrannt, im Frühjahr 1505 endeten gleich 18 Bürger und Bürgerinnen auf dem Scheiterhaufen, vier kamen im Gefängnis zu Tode.

Von Norden schloss sich die Zange durch das Wüten

Malleus Maleficarum,
Ausgabe Lyon 1669

des Autors des Hexenhammers (Malleus Maleficarum), Heinrich Kramer (humanistische Latinisierung: Institoris): Der fanatische Dominikanerpater überzeugte das Brixner Domkapitel davon, mit aller Härte gegen „das Hexenvolk" im Bistum vorzugehen. Es ist dem mutigen Einschreiten des damaligen Innsbrucker Bischofs Georg Golser zu verdanken, wenn es dort nicht zu Exzessen kam. Er jagte den Hexenjäger kurzerhand aus der Diözese.

Die deutsche Übersetzung Kramers „Vademekum der Hexenverfolgung" zitiert *„einen Pergamentbrief, vom allergnädigsten König der Römer, mit seinem roten runden Siegel, dessen Abdruck, in eine Kapsel von blauem Wachs gedrückt, unten am Pergament heraushing, gesiegelt, heil und unversehrt, nicht beschädigt (...)"*. Darin erklärt *„Maximilian, durch Gunst der göttlichen Gnade König der Römer, allzeit Mehrer des Reiches, Erzherzog von Österreich, Herzog von Burgund, Lothringen, Brabant, Limburg, Luxemburg und Geldern, Graf von Flandern etc."*, er wolle *„eben diese oben erwähnte apostolische Bulle als christlicher Fürst schützen und verteidigen"* und nehme die Inquisitoren selbst in seinen allseitigen Schutz, *„indem er alles und jeden dem Römischen Reiche Untergebenen aufträgt und vorschreibt, dass sie bei der Aufführung solcher Angelegenheiten des Glaubens den Inquisitoren selbst jede Begünstigung und Beihilfe leisten (...)"*. *„Gegeben in unserer Stadt Brüssel, unter unserem Siegel am 6. November des Jahres des Herrn 1486, im ersten Jahre unserer Regierung"*. (J.W.R. Schmidt im Vorwort des 1903 von ihm ins Deutsche übertragenen Hexenhammers).

Sie können sich alle 700 Seiten dieses üblen Machwerks (etwa für Studienzwecke) von folgendem Link herunterladen:
*http://koeblergerhard.de/Fontes/HexenhammerSprenger1923.pdf*
Es wird keine vergnügliche Lektüre.

*Ich möchte Sie, liebe Leserin, lieber Leser, dezent darauf hinweisen, dass es sich hier um „unseren" Maximilian handelt, den älteren freundlichen Herrn, der einige Male im Gericht Völs auf Schloss Prösels zu Gast war und mit Freund Leonhard zechte, Karten spielte, fischte und auf die Hirschjagd ging.*

*Die Jagd auf Hexen überließ er den anderen. Zum Beispiel seinem Freund Leonhard und dessen Schergen.*

## Die „Hexenpest" im Velser Gericht

Leonhard hatte sich in ein hitziges Wortgefecht verstrickt. Dass er laut und unangenehm werden konnte, wenn er sich einmal in etwas verrannt hatte, rechthaberisch und anmaßend wie er war, war allgemein bekannt ebenso wie die Tatsache, dass der Wein einem solchen Zustand von Rechthaberei und Ad-hoc-Gehabe eher förderlich ist als ihn zu mildern und abzuschwächen hilft.

Jedenfalls war es wieder einmal so weit. Die eifrig diskutierende und gestikulierende Herrenrunde hatte es sich vor dem Schloss unter der knorrigen Eiche gemütlich gemacht; der Baumann hatte anlässlich der bevorstehenden Hochzeit seines Sohnes Martin zwei Pazeiden Wein und Gesottenes spendiert; man saß zusammen, trank mehr als man vertragen konnte und tat sich an den Köstlichkeiten gütlich.

Dann, unversehens, war die Rede auf des Deumls Kind gekommen, das auf seltsame Weise und ohne dass man Anzeichen einer Krankheit oder eines Siechtums festgestellt hätte, eines Morgen tot im Schubladenbettchen lag. Sieben Monate sei es alt gewesen, das Kind, ein hübsches, schwarzes Knäblein. Welche Freude nach den beiden Dierndln! „Hexenwerk!", hat der Schlossherr kategorisch erklärt, jede Widerrede damit gleichzeitig vom Tisch fegend, wie es eben seine Art war. Die Kumpane schwiegen. Allein Michael, der dem Rebensaft auch schon über Gebühr zugesprochen hatte, wagte es, seinen Bruder herauszufordern. Im Suff wuchs er regelmäßig über sich hinaus, um dann irgendwann die obligatorische Bruchlandung* zu machen. „Hexenwerk?", höhnte er lallend und rülpste. „Das war wohl viel eher die Deumlin selbst, die die Gelegenheit ergriffen hat, um's mit ihrem Buhler zu treiben. Der Alte war ja gerade in Brixen unten. Meine Küchenmagd hat gewusst, dass sie das Kind erdrückt hat im Bett, ganz ohne Absicht. Im Feuer des Gefechts!" Er lachte widerlich.

„Holt di Gosch!"**, fuhr Leonhard den jüngeren Bruder an. „Was weißt denn du schon, oder deine Magd! Hexenwerk, sag ich. Mach die Augen auf! Oder gibt es etwa deiner Ansicht nach gar kein Zauberwerk, was? Keine Hexen, wie? Deine Ansichten sind wunderlich, Bruder! Gefährlich, würde ich sagen! Nimm dich bloß in Acht!"

Jörg Fabri, der Vikar, wiewohl selbst nicht mehr voll auf der Höhe, schaltete sich nun vorsichtig in das Gespräch ein. Er war wohl der Ansicht, er müsse aufgrund seines geistlichen Standes einen Schlichtungsversuch unternehmen. Die Zwistigkeiten zwischen den beiden so ungleichen Brüdern drohten nämlich bei solcherlei Gelegenheiten regelmäßig zu entgleisen und in eine beinahe biblische Keilerei auszuarten, in deren Folge dann der Jüngere einseitig die Maulschellen einsteckte.

„Wenn wir die Sache nüchtern betrachten", sagte er schwerfällig, wobei ihm – aus naheliegenden Gründen – gerade das Wort „nüchtern" besondere Schwierigkeiten bereitete – er musste dreimal ansetzen, um es einigermaßen fehlerfrei aussprechen zu können: „niechtern", „dann müssen wir einmal feststellen, dass es eine Häresie wäre zu behaupten, es gäbe keine Hexerei. Es gibt da einen unzweideutigen Hirtenbrief vom Bischof."

Beifall heischend blickte er in die Runde. Aber nur Berchtold von Lafay, der Richter aus Kastelruth, der ein sozusagen berufliches Interesse an der Sache hatte, pflichtete dem schwergewichtigen geistlichen Herrn bei. „Eben", sagte der, sich bestätigt fühlend und wandte sich an Leonhard, den Velser, der schon wieder vor dem Explodieren war. „Der selige Bischof hat in seinem Zirkularschreiben vom 23. Juli 1485 einen Ablass von vierzig Tagen all denen versprochen, die mithelfen, die heilige Inquisition gegen Zauberei und Hexerei voranzutreiben. Ergo –"

Ja, gelehrt war er, der Fabri, das musste man ihm lassen. Und Leonhard hakte ein:

„Sagte ich ja: Man muss gegen die Hexenbrut vorgehen, wo immer man kann! Oder willst du diesem höllischen Mummenschanz, diesen blutrünstigen Kindermördern, diesen Ausgeburten der Hölle etwa gar das Wort reden? He du!" Er stieß seinem Bruder grob in die Rippen. Der war ob der akademischen Ausführungen des Geistlichen nämlich kurzerhand eingenickt und wusste nicht, worum es ging.

Ja, in letzter Zeit häuften sich mysteriöse Fälle seltsamer Kindstode. Und erst vor zwei Jahren hatte es drüben in Ums drei Hofstellen, nicht mehr und nicht weniger, die Ernte verhagelt. Einer der Bauleute, Michl Tschoy, der gerade auf dem Weg war und sich vor dem urplötzlich hereinbrechenden Gewitter im Haus vom Schmied im Bach in Sicherheit brachte, hatte, bevor er seinen Esel den Weg zum Parnayer hinunter lenkte, ganz deutlich eine schwarze Wolke hinter dem Schlern hervorquellen sehen, die die Umrisse einer überdimensionalen menschlichen Gestalt hatte. Und dabei hat es schauerlich gelacht. Kurz darauf war er im Scherm*** gewesen und hatte von dem Hexenspuk nichts mehr mitbekommen.

Nein, nein. Darüber war man sich schon einig, dass dem Hexenunwesen im Gericht endlich der Garaus gemacht werden musste. Man stieß die Humpen an und gelobte sich, in der Sache endlich etwas zu unternehmen.

Leonhard hatte aufgrund seiner Verpflichtungen als Burggraf zu Tirol und Landeshauptmann zu seinem Bedauern keine Zeit, sich selbst um die Aufspürung, Verfolgung und Vernichtung der Succubi und Incubi im Völser und Schenkenberger Gericht, für das er nun ja auch zuständig war, zu kümmern und beauftragte einen der Tafelrunde, seinen Gewährsmann Fuchs von Fuchsberg****, den er letztes Jahr vor Kufstein beim Bayrischen Krieg kennen gelernt hatte und der dafür gerade der Richtige schien, mit dieser kriminalistischen Aufgabe. Der Vikar, der sich als wahrer Experte in Hexenfragen zeigte, erläuterte abschließend auf die wohl nicht ernst gemeinte Frage des Fuchsbergers, welche Personen der Zauberei verdächtig und deshalb in Haft zu nehmen seien, – seit wann kümmerten sich diese Herren denn um Recht und Gesetz? – allen Anwesenden Folgendes:

*Verdächtig sind solche, welche sich erbieten, anderen das Zaubern zu lehren oder Drohungen ausstoßen, sie würden jemanden verzaubern.*

*Dann, wenn jemand, nachdem er von einem der Zauberei Verdächtigten einen Trunk verabreicht bekommen hat, plötzliche Leibschmerzen verspürt;*

*oder wenn, nachdem jemand auf schmeichlerische Weise „getätschelt" und angegriffen (angefasst) worden ist, sich eine schwere unbekannte Krankheit zeigt;*

*oder wenn ein Kind, sobald es von einem Weib „angeschnauft" oder berührt worden ist, von plötzlichem Schwindel erfasst wird;*

*oder wenn man bei Nacht ein Weib in einem fremden, verschlossenen Keller bei einem Fass sitzend findet;*

*oder wenn man in der Nacht einen unbekannten Lärm wie von einer wilden Jagd vernimmt und am nächsten Tag ein Kleidungsstück eines Weibes findet;*

*oder wenn jemand, wenn er auf eine Katze, einen Raben oder ein anders Tier geschossen hat, gleich darauf eine Person findet, die, vorerst gesund, an der nämlichen Stelle, wo das Tier getroffen worden ist, eine Verletzung zeigt.*

Hinrichtung von drei Hexen durch den Grafen von Sulz 1587.
Unten rechts: Schädigung von Pferden. Oben rechts: Während der Hinrichtung rumort der böse Geist in der gräflichen Kanzlei

Das seien einige, einige! der verdächtigen Indizien, die, wenn sich noch zusätzlich Zeugen finden lassen, eine Inhaftierung und peinliche Befragung rechtfertigen, nein: dringend erfordern! „Zu unser aller Seelenheil und leiblichen Unversehrtheit", wie der Priester dunkel hinzufügte. In den Augen des an sich so verständigen geistlichen Herrn glomm ein unheilvolles Licht.

Die Runde schien nun genug zu haben von all der Philosophiererei und wandte sich wieder ausschließlich Weltlichem zu.

So kam es, wie es eben in der Politik kommt: dass eine Beiläufigkeit, das Fress- und Saufgelage auf der Wiese vor dem Schloss unter der mächtigen Linde, etwas ins Rollen brachte, was in der Folge viel Jammer, Tränen, Not und Tod verursachen würde.

\* *Dieser Ausdruck sei hier erlaubt, da Leonardo da Vinci, das Genie, gerade zu eben dieser Zeit, also um 1505 herum, in Florenz eifrig an seinen Flugexperimenten arbeitete*
\*\* *Mund*
\*\*\* *im Trockenen*
\*\*\*\* *einige Hinweise legen nahe, dass es von Fuchsberg gewesen sein könnte, der diese Aufgabe übernommen hatte*

Ein fiktiver Brief mag das Geschehen um die Völser Hexenprozesse verdeutlichen:

## Mein lieber Freund,

*du fragst mich in deinem Schreiben, für das ich dir herzlich danke!, was ich dir von den Völser Hexenprozessen berichten kann. Du bräuchtest nähere Angaben dazu für deine Diplomarbeit über „Stigmatisierung, Randgruppen, Vorurteile". Im Folgenden berichte ich dir von einigen Tatsachen, die ich in diversen, teils schwer zugänglichen Schriften gefunden habe und denke, dass sie für dich von Interesse sein können.*

*Im Zusammenhang mit der allgemeinen Hetze gegen der Ketzerei verdächtigte Personen, die zu Beginn des sechzehnten Jahr-*

hunderts erst im Welschtiroler Fleimstal, dann kurz darauf auch hier bei uns von eifrigen Hexenjägern aus verschiedenen Predigerorden vorgenommen wurde, wurden neun Völser Frauen, nämlich
  Anna Oberharderin,
  Juliana Winklerin,
  Anna Miolerin,
  Magdalena Astnerin,
  Kunigunde Bodenlangin,
  Katharina Haselriederin,
  Anna Jobstin,
  die Mesnerin von St. Kristanzen und
  Katharina Mosnerin
  gefangen gesetzt und im Turm „ober der Veste" inhaftiert.*

„Mit und ohne Marter" bekannten die Beschuldigten dann in dem ältesten Tiroler Hexenprozess, dessen Akten uns noch teilweise erhalten geblieben sind, „typische" Hexenuntaten wie Verleugnung des Glaubens, Wettermachen, Milchzauber, Teufelshochzeit, das Verhexen von Menschen und Tieren, nächtliche „Fahrten" in die umliegenden Landschaften auf Tieren und allen möglichen Gegenständen, die zum Teil vorher mit einer speziell zubereiteten Krötensalbe bestrichen worden seien. Als Fahrtspruch habe sich anscheinend folgender bewährt: „Oben und unten aus und nindert an".

Bei opulenten Fressgelagen wurden laut den durch Tortur erpressten „Geständnissen" Berge von Köstlichkeiten, mitunter im trauten höllischen Kreis sogar ganze Ochsen, verzehrt, was auf die Verarmung der Bevölkerung unter dem damaligen Grund- und Gerichtsherrn schließen lässt, kamen bei ihnen solche lukrative Speisen höchstens an Weihnachten und Ostern, wenn überhaupt, auf den Tisch. Auch die Angaben einiger Befragten, sie haben aufgrund auswegloser Armut ihrem Leben ein Ende setzen wollen (so die Winklerin, die Oberharderin, die Miolerin, die Haselriederin, die Mesnerin von St. Kristanzen) und seien in dieser Stunde vom Teufel zu einem Pakt überredet worden, weisen in diese Richtung.

Besonders beklemmend wirken die „Geständnisse" an jenen Stellen, in denen detailliert das Schlachten, Sieden und Braten

*Darstellung des Hexensabbats*

von Kleinkindern geschildert wird, Aussagen, die unter der „peinlichen Befragung", der Tortur, gemacht wurden, die auch dann ihre Wirkung zeigt, wenn, als Zeichen des „Entgegenkommens", lediglich das zu Protokoll genommen wird, was nach, nicht während der Folter ausgesagt wird. Zugleich wird hier auch deutlich, wie hoch die Kindersterblichkeit zur damaligen Zeit gewesen sein muss, wenn nachgerade nach übernatürlichen Verschuldungen gesucht wurde. In der Bereitschaft, ja Sucht der Menschen, an Aberglauben und Zauberei zu glauben, ist das Weiterwirken einer vorchristlichen Dämonologie zu erahnen, der nicht zuletzt selbst der Klerus erlegen war.

Unschwer fällt des Weiteren auf, dass in diesen wie in den meisten anderen Prozessen des umliegenden In- und Auslandes – mit Ausnahme etwa von Liechtenstein, wo es gerade umgekehrt war – ausschließlich Frauen zu Tode kamen, und es stellt sich die Frage, warum von Seiten der „Hexenjäger" nicht gleichermaßen auch den „männlichen Spuren" nachgegangen wird: So werden bei den

*Hinrichtung von drei Frauen als Hexen mit dem Feuer (Schweiz, 13. September 1574)*

verschiedenen Verhören der obgenannten Frauen immerhin folgende „Hexer" namhaft gemacht: Hans Carnoder, Hans Messner, Michel Geiger, „der alte Rungger zu St.Vilgen", Niklas Bodenlang. Ohne dieser kulturgeschichtlich und psychologisch hoch interessanten Frage hier im Detail nachgehen zu können, das wirst du, lieber Freund, auf akademische Weise in deiner Diplomarbeit tun, möchte ich hier lediglich anmerken, dass der Autor des „Hexenhammers", Heinrich Krämer (Institoris) und andere Autoren wie Johannes Nider („Liber de Maleficis et eorum deceptionibus") ein zumindest „gebranntes" Verhältnis zum weiblichen Geschlecht verraten, so wenn Nider „das Weib ein notwendiges Übel, eine unausweichliche Strafe, eine erwünschte Kalamität, ein angenehmes Verderben" nennt und anmerkt, die Erde wäre „ohne die Weiber ein Paradies". Institoris seinerseits ergeht sich in seinem

„Schwarzen Buch" volle zehn Seiten lang in Beschimpfungen gegen die Frauen, denen er alle möglichen Fehler, Untugenden und Laster nachsagt, vor allem – sic! – einen unersättlichen Hang zur Wollust. Daher der häufige Umgang der Frauen mit den Dämonen, um mit ihnen Unzucht zu treiben. Und darum würde es auch viel mehr Hexen als Hexer geben und das düstere Vademecum der Hexenjäger, der „Hexenhammer", trüge mit Bedacht die weibliche Form „Maleficarum" (nicht: Maleficorum!). Aus solchen Gründen sind alle neun* der Hexerei angeklagten Frauen, nicht aber ihre männlichen „Kollegen", von den Malefizrichtern im Dienste des Gerichtsherrn Leonhard von Vels, Berchtold von Lafay (Jobstin, Winklerin) und Lienhart Peyßer, sekundiert von elf namhaften Völser Bauern als Geschworene, 1506 und 1510 in zwei Prozessen als Hexen verurteilt und wohl auch auf dem Scheiterhaufen verbrannt worden – wie damals in ähnlichen Fällen (Ketzerei) üblich „zur wohlverdienten Strafe und anderen zu einem Exempel und Spektakel". Hexen und Ketzer waren nämlich durch den „Hexenhammer" Institoris' einerseits gleichgesetzt (beide „Kategorien" seien durch Feuer zu Tode zu bringen), andererseits insofern unterschieden worden, als Ketzer durch Reue und Abschwören die „Gnade" lebenslanger Inhaftierung erhielten, Hexen hingegen in jedem Fall dem Feuertod zu überantworten waren, da sie, die Hexen, sich auf drei Ebenen gleichzeitig schuldig gemacht hätten: auf der göttlichen, der zeitlichen (durch den weltlichen Schaden, den sie verursacht hätten) und der kirchlichen. Daraus erklärt sich auch die Praxis, Hexen vor einem gemischten weltlich-kirchlichen Gericht abzuurteilen.

Leider ist von den eigentlichen Urteilssprüchen in den spärlichen Akten über die Völser Hexenprozesse bis auf die abschließenden Schuldeingeständnisse („Urgichten") der „Delinquentinnen", von denen sich einige erhalten gebliebene in der Sammlung „Dipauliana" im Innsbrucker Ferdinandeum befinden, nichts übrig. Gleichermaßen unbekannt geblieben ist auch die Richtstätte, an der die Völserinnen und Völser den Tod durch Verbrennen erlitten haben. Einige Hinweise beziehen sich auf eine Örtlichkeit in unmittelbarer Nähe des Schlosses, andere auf eine Stelle irgendwo bei Zimmerlehen in Obervöls.

*Das, lieber Freund, ist alles, was ich über die Völser Hexenprozesse habe in Erfahrung bringen können. Ich hoffe, du hast damit und mit Hilfe der beigefügten Literaturliste genügend Material zur Hand, um diesen Aspekt deiner Arbeit abdecken zu können.*

*Bestimmt ist dir nicht verborgen geblieben, dass es mir immer wieder schwer gefallen ist, mich aus den Ereignissen, die ich beschrieben habe, emotional herauszuhalten; immer wieder war die Betroffenheit stärker, ja manchmal so dominant, dass sie und nicht wissenschaftliche Distanz, wie sie deinen Zwecken wohl besser gedient hätte, die Feder geführt hat. Habe bitte Verständnis dafür.*

*Ich wünsche dir weiterhin eine gute, gedeihliche Arbeit. Wenn du wieder einmal in die Nähe kommst, komm doch auf ein gutes Glas Portugieser herein!*

\* Neuere Recherchen (siehe Elmar Perkmann, 2006: Die Völser Hexenprozesse 1506 und 1510. Eine Gedenkschrift) gehen davon aus, dass in diesen beiden Prozessen 28 Frauen und 2 Männer verurteilt und hingerichtet worden sind.

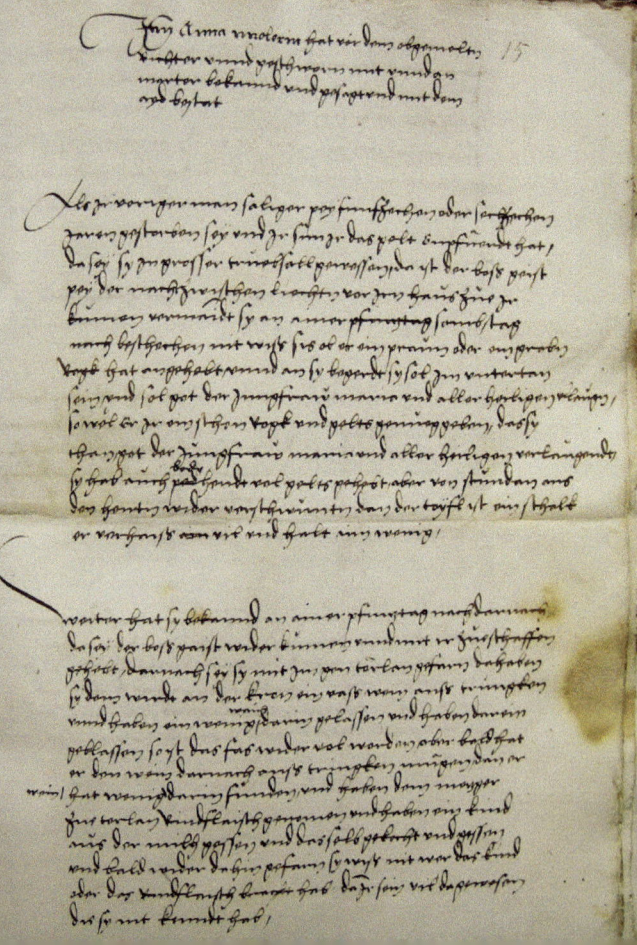

*Erstes Blatt der Urgicht (Schlussgeständnis) der Anna Miolerin*

# Im Verließ

Der Gestank war unbeschreiblich; es lag ein unerträglicher Geruch von Urin und Kot im Raum, der wie eine faulige Made durch Gewölbe und Gänge kroch und sich in jedem Winkel breit machte. Der Knecht ging mit der Laterne voran und schien nichts davon zu merken. Teininger hingegen, der dem Mann auf dem Fuß folgte, um nicht in einer der zahlreichen schlammigen Pfützen am Boden auszurutschen, würgte und war nahe daran, sich zu übergeben. „Da, gleich sind wir da", sagte der Knecht und fügte leutselig hinzu: „Seid Ihr noch da, Hochwürden, oder wollt Ihr lieber auf den Krankenbesuch verzichten? Verstehen könnt' ich's ja ..." „Nein, nein, geht schon", stieß der Angesprochene hervor und presste ein Tuch vor Mund und Nase. Je weiter sie vorstießen, desto unerträglicher wurde der Gestank. Ab und zu klatschte ein dicker Tropfen von der Decke, und die Schritte der beiden Männer klangen hohl.

Dann waren sie angelangt. Bereits lange vorher hatte Teininger das Stöhnen in den Ohren und auf der Seele gelegen, das allenthalben zu vernehmen war und aus allen Ecken und Enden zu hallen schien. „Lasst Euch bloß nicht von dem Gejaule beeindrucken, Herr", warf der Knecht über die Schulter zurück, so als habe er Teiningers Gefühlslage erraten. „Solange sie heulen, leben sie noch", fügte er sarkastisch hinzu und bog nach rechts ab. „Immer wieder bringt sich nämlich eine ums Leben. Erst letzten Pfinstag (Donnerstag) hat sich eine an ihrem Hemd aufgehängt. Der Satan hat's wohl nicht mehr erwarten können. Jedenfalls nehmen wir ihnen jetzt alles weg, woraus sich's einen Strick drehen lässt. Nicht meine Schuld, dass sie nackend im Stroh –" brummte er, als wolle er sich entschuldigen. „Hat der Lengensteiner angeordnet, der Pfleger." Auch in dieser Hinsicht schien der Knecht von einer tierischen Stumpfheit, die an den Grenzen der Menschlichkeit rührte. Es ging etwas Viehisches von dem Mann aus, das den Kuraten nachgerade körperlich abstieß und ihn seinen Entschluss, an Stelle Lampls, des Pfarrvikars, diesen Beichtgang anzutreten, bereuen ließ. Der Pfarrer, ein gebildeter, zuvorkommender Herr, der eigentlich gar nicht in die raue, rohe Gesellschaft dieser kleinen Gerichtsgemeinde passte und wohl oft unter Heimweh nach seinem Kloster zu leiden hatte, hatte sich selbst auf den Weg machen wollen, um ihm, seinem Gesellpriester, diesen Gang zu ersparen, wusste er doch, dass sein Gehilfe aus der großen Stadt Regensburg noch mehr unter der Fremde zu leiden hatte und sich viel lieber hinter Büchern und Schriften verkroch. Dann aber war doch er gegangen, Silvester Teininger. Gott mochte im beistehen auf seinem schweren Gang nach Presels ins Verlies!

Der Knecht schob den Riegel zurück und zog die schwere Tür auf, die in den Angeln knarzte. „Seid vorsichtig", sagte er spöttisch. „Manche beißen und kratzen. Einige speien auch dämonisches Gift, gebt Acht, dass Ihr nichts davon abkriegt, denn dann

*Verhör mit der „Kluegen Schnur", dem „Kurzschließen"*

*„Peinliches Verhör", Marter. Das „Aufziehen"*

ist's aus und vorbei mit Eurer himmlischen Seligkeit! Und passt auf, wohin ihr steigt. Ich warte hier. Macht aber nicht zu lang!" Der Knecht gab dem Priester das Licht und hockte sich vor dem Verlies auf dem Boden nieder. Teininger stieg über die Schwelle in den finstern Raum. Stroh knisterte unter seinen Schuhen. Im Hintergrund vernahm er ein leises Wimmern. Er fasste sich ein Herz und trat entschlossen in den Raum. „Gelobt sei Jesus Christus!", sagte er fest und näherte sich der am Boden kauernden Gestalt. „Ich bin da, um deine Beichte abzunehmen. Silvester Teininger bin ich, der Gesellpriester. Du brauchst keine Angst zu haben." Er kam sich vor wie ein Verbrecher, mitschuldig. Fehl am Platz. „Der Pfarrer lässt dich grüßen. Er kommt bald selber vorbei." Gelogen. Es war ihm einerlei. Die Anna Jobstin, wie Teininger, dessen Augen sich mittlerweile an das Halbdunkel gewöhnt hatten, nun erkennen konnte, kroch auf den Ellbogen vorwärts robbend aus dem Eck und legte sich ihm wimmernd vor die Füße. „Erbarmen", schluchzte sie, „Erbarmen!" Teininger erstarrte, als er besser sehen konnte. Wie die Frau zugerichtet war! Er sah an ihrer unnatürlichen Haltung, dass ihre Glieder gebrochen oder ausgerenkt sein mussten. Die peinliche Befragung. Der Pfarrer hatte ihn vorbereitet. Das Haar hatte man ihr abgeschnitten, und die arme Kreatur trug, wie der Knecht, der vor der Tür wartete, angekündigt hatte, keinen Faden am Leib. In einer instinktiven Geste der Scham, Erinnerung an eine Zeit, in der es noch Sinn hatte, hielt sie einen Packen Stroh vor die Brüste gepresst. Der Priester kauerte sich in einer Welle von Mitleid nieder und strich der Jobstin über den kahlen Kopf, worauf sie, ihn missverstehend, schreiend in ihr Eck zurück kroch. Teininger wurde gewahr, dass sie den Verstand verloren haben musste. Er nahm das Gefäß mit Weihwasser aus der Brusttasche des Talars, besprengte das Verlies, die gemarterte Frau und schlug das Kreuzzeichen über sie. Er, der plötzlich ganz ruhig geworden war und jeden Ekel, jede Scheu verloren hatte, wusste in dieser Stunde mit greller Gewissheit, dass Gott das so nicht gewollt haben kann. Die Inquisition, Papst Innozenz.

Keinesfalls aber Gott.

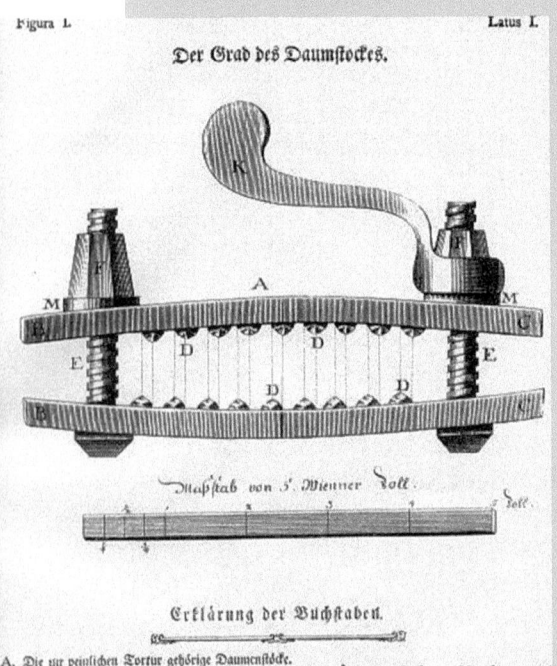

*Daumenschrauben bzw. Daumenstöcke*

# *Die Völser Hexenprozesse von 1506 und 1510*

Leonhard, der Völser, war neben seinen diversen Ämtern und Aufgaben, die er als Landeshauptmann und Burggraf zu Tirol, als Kaiserlicher Gesandter und Feldhauptmann bekleidete, auch Gerichtsherr in den Gerichten Völs und Schenkenberg. Als solcher verhängte er Strafen wie die Urfehde mit Verbannung aus dem Gericht und diverse Torturen bis hin zu Todesurteilen am Galgen und auf dem Schafott. Zu Leonhards Zeiten galt ein neues, sagen wir: neu aufgelegtes, Strafrecht, das sein Freund und Landesfürst Maximilian hatte ausarbeiten lassen:

Die von Maximilian als Erzherzog von Tirol 1499 verabschiedete Malefizordnung bzw. Halsgerichtsordnung war das erste kodifizierte Strafrecht im deutschsprachigen Raum. Die Strafprozesse wurden in Anlehnung an das Römische Strafrecht neu geregelt: Nunmehr übernahmen Richter und 12 Geschworene (bei den Völser Hexenprozessen waren es interessanterweise lediglich 11) die Rechtsprechung. Eine Verteidigung hingegen war, für uns Heutige unverständlich, nicht vorgesehen. Nach Verlesung der Anklageschrift wurden Angeklagte und Zeugen angehört. Da in Anwendung des neuen Strafsystems niemand ohne Geständnis verurteilt werde durfte, wurden Geständnisse durch die „peinliche Befragung", die beliebig angewandte und wiederholte Folter, herbeigeführt. Dazu steht im Artikel VII der Malefizordnung Folgendes:

*Wenn beschlossen wurde, dass ein Beschuldigter gefoltert werden soll, dann soll der Richter drei Räte oder Geschworene nehmen und den Gefangenen in ihrer und des Gerichtsschreibers Gegenwart befragen. Was der Beschuldigte gesteht, das soll der Gerichtsschreiber aufschreiben („und was der übeltätig mensch also bekennt unnd bestät, sol Gerichtschreiber die urgicht lauter aufschreiben"). Dies sollen der Richter und die anderen Personen überlesen. Um auf dieser Grundlage ein Urteil fällen zu können, muss das Geständnis auch den andern Räten und Geschworenen vorgelesen werden. Dabei sollen die drei, die bei der Folterung dabei gewesen sind, das*

*Geständnis bezeugen und beschwören. Dies genügt, und von den dreien soll der erste aufgefordert werden, ein Urteil zu fällen („und wann die drey so dabey gewesen sein gezeugknus geben und die urgicht also zu sein einhelligklich bey jren Ayden vor Richtere unnd anndern Geschworn bekennen. Als dann ist desselben bekennen genug. Unnd unnder den dreyen sol alsdann des ersten ainer der urtail angeforscht werden").*

*Schlussendlich musste der Beschuldigte im Rahmen eines „der Öffentlichkeit gebotenen formalen Schauspiels" sein Geständnis, die Urgicht, wiederholen. Widerrief er es, gaben die Aussagen der Schöffen, sie hätten das Geständnis <u>nach</u> der Folter vernommen, den Ausschlag für die Verurteilung.*

Klar formulierte Straftatbestände fehlen in dieser Prozessordnung völlig. Es handelt sich hier um nichts anderes als um eine modernisierte Form des bisherigen Inquisitionsprozesses.

Es wird überliefert, dass die Prozesse in der Bibliothek und im „Richterzimmer" stattgefunden haben sollen.

Die Namen des Richters und der Geschworenen sind in den erhalten gebliebenen „Schuldeingeständnissen" detailliert aufgeführt. Die Urteile fällte Leonhard in seiner Eigenschaft als Gerichtsherr, wie auch die Prozesse selber auf seine Initiative hin erfolgten. Das „Handwerk", entschuldigen Sie den pietätlosen Ausdruck, lag in den Händen des Meraner Scharfrichters, der seine Entlohnung aus den Zolleinnahmen der Zollstelle bei Meran erhielt, die aus dem Warenverkehr durch den Vinschgau eingingen. Das Salär betrug für den 1488 noch für Gesamttirol zuständigen Henker Gilg von Rodem 100 Gulden rheinisch pro Jahr. Für eine Hinrichtung erhielt er 10 Pfund Berner (= 2 Gulden) zusätzlich. Eine Verbrennung, also auch die der „Hexen", brachte das Doppelte, eine Tortur 5 Gulden ein. 1497 wurde ein zweiter Scharfrichter für Hall ernannt. Es gab nun zwei Henker bzw. zwei Zuständigkeitsbereiche, und die Bezüge wurden demzufolge halbiert.

Die Exekutionen der angeblichen Hexen in Völs vollzog höchstwahrscheinlich der damals „amtierende" Scharfrichter Hans Riemer.

Die Funktion der Tiroler Henker endete 1787, während die Folter bis auf Prangerstellen, Prügelstrafen, Brandmarken usw. bereits 1776 abgeschafft worden war.

Einige Bürger der Gemeinde Völs sind sich des düsteren Erbes bewusst, das auf dem Gemeinwesen lastet. Die Gemeindeverwaltung hielt zum Gedenkjahr 2006 eine internationale Tagung zum Thema: „500 Jahre nach den Hexenprozessen auf Schloss Prösels" mit Vorträgen namhafter Wissenschaftler ab. Ein Theaterstück von Peter Oberdörfer, das im Schloss Prösels aufgeführt wurde, zeichnet in eindringlichen Bildern das Schicksal der unschuldig Gerichteten nach. Weiter erschien eine Gedenkschrift mit neuen Ergebnissen zu den Völser Hexenprozessen, die Sie im Völser Gemeindeamt erhalten. Die Gemeindeverwaltung hatte mir die ehrenvolle Aufgabe übertragen, diese Gedenkschrift auszuarbeiten. Ein eindringliches Denkmal vor dem Schlosseingang erinnert die Besucher an vergangenes Unrecht. Eine Straße in Obervöls trägt den Namen einer der verurteilten und hingerichteten Frauen: Anna Jobstin.

Bitte übersehen Sie die vielen Hexenpuppen an den Häusern des Hochplateaus: Verniedlichung ist eine Form kollektiver Bewältigung, pardon: nachvollziehbarer, wenn auch nicht verzeihlicher Verdrängung. Es ist bestimmt nicht Zynismus oder moderner Aberglaube im Spiel, sondern wohl viel eher Unwissenheit und trotz aller Aufklärungsarbeit eine sich erstaunlich hartnäckig haltende Naivität.

Ein Blick in die „Causa Miolerin" zeigt den konkreten Verlauf eines Prozesses „contra sagas" (gegen Hexen):

**2. Prozess: 3. August (Samstag nach Vincula Petri) 1510**
Richter: Lienhart Peysser
Beschuldigte, Verhörte, Verurteilte, Gerichtete:
**Anna Miolerin**, Anna Oberharderin, Dorothea Unterharderin und andere Personen, deren Urgichten nicht erhalten geblieben sind. Auch von Dorothea Unterharderin fehlt die Urgicht.

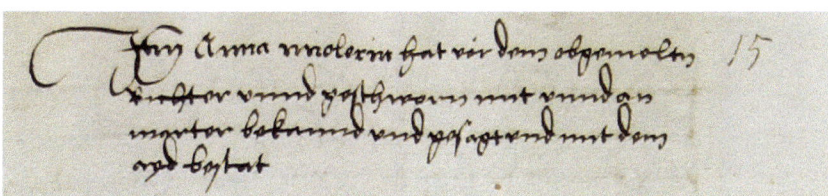

## Anna Miolerin

*Item ANNA MIOLERIN hat vor dem obgemältn richter unnd geschworn*

Ebenso hat Anna Miolerin vor dem oben angeführten Richter und den Geschworenen

*mit unnd on marter bekennd und gesagt und mit dem ayd bestat*

mit und ohne Folter (Marter) bekannt und kundgetan und mit Eid bestätigt

*Als ir voriger man saliger pey funfzechen oder sechzechen jaren gestorben sey*

Als ihr seliger verstorbener Mann vor ungefähr 15 oder 16 Jahren gestorben war

*und ir sun ir das gelt enpfüerdt hat, da sey sy in grosser trüebsall*

und ihr Sohn ihr alles Geld entwendet hatte, da sei sie in eine große Trübsal

*gewessen, da ist der boss geist pey der nacht zwischen […] vor irs*

verfallen, da ist der böse Geist in der Nacht zwischen (…) vor ihr Haus

*haus zue ir kumen vermaindt sy an ainer [pfinnstag durchgestrichen]*

*zu ihr gekommen, sie meint es sei in einer Donnerstagnacht (durch-*
*gestrichen)*
*sambstag nach[t] (?) beschechen*
Samstagnacht geschehen
*net wiss sies ob er ein praun oder ein graudn rock hat angehebt*
*unnd*
und sie wisse nicht, ob er einen braunen oder grauen Rock anhatte
*an sy begerdt sy sol im untertan sein und sol GOT DER JUNGFRAU*
*MARIA*
und er habe von ihr verlangt, sie solle ihm untertan sein und solle
Gott,
*und aller heiligen [abschwören?]so wel er ir ein schen vogk und der*
der Jungfrau Maria und allen Heiligen abschwören, dann würde er
ihr ein schönes Schwein und
*gelts genueg geben, das sy than (?) GOT DER JUNGFRAU MARIA*
*und*
genug Geld geben, wenn sie das tun würde, Gott, die Jungfrau Maria
*aller heiligen verlaugendt.*
und alle Heiligen zu verleugnen.
*sy hab auch bede hende vol gelts gehebt, aber von stund an aus den*
Sie habe auch beide Hände voll Geld gehabt, aber das sei ihr bald
darauf aus den
*hentn wieder verschwuntn den der tayfl ist ein schalk er verhaiss viel*
Händen verschwunden, denn der Teufel ist ein Schalk, er verheißt
viel
*und halt nur wenig!*
und hält nur wenig.

Die Miolerin bekennt intime Begegnungen mit dem Teufel und beschreibt ihn als kalt und feindselig. Mit ihrem Herrn und Meister habe sie einen Weinzauber inszeniert. Natürlich habe sie wie alle anderen Beschuldigten Kinder geschlachtet und gegessen und Esswaren gestohlen. Als besondere Position habe sie bei den Treffen das Amt einer Tanzmeisterin bekleidet. Bei einer Ausfahrt ins Fleimstal (Val di Fiemme) habe sie mit Hexen getanzt, die inzwischen gerichtet worden seien. Es handelt sich dabei wohl um die Frauen und Männer der Cavaleser-Prozesse des weltlichen Gerichtes des Bischofs Ulrich von Trient von 1501 bis 1505. Eine andere Deutung dieser etwas unklaren Stelle in der Urgicht, dem Schuldeingeständnis, könnte ein Verweis auf den ersten Völser Prozess von 1506 sein.

Sie verrät unter der Folter, die aus dem Anlegen der Daumenschrauben, der Anwendung der „kluegen Schnur" („Kurzschließen" mit schwersten Verletzungen an den Hand- und Fußgelenken) und dem „Aufziehen", dem Strappado, mit Luxationen an Schultern, Beinen und Hüften bestand, die Fluggeräte und die Flugformel (die aber bekannt ist: *„Oben und unten aus und nindert an"*) und sagt, die Ausfahrten müssten unbedingt absolviert werden und es solle sich keiner unterstehen, sie unterbrechen zu wollen. Bereits in Haft gesetzt, habe sie der Teufel besucht und habe sie aufgefordert, ja nichts zu gestehen oder gar zu beichten, da er in einem solchen Falle die Herrschaft über sie verlieren würde. Um ein Schuldeingeständnis zu verhindern, habe er ihr einen Knoten in Brust und Hals gemacht; sie sei aber doch mit Hilfe anderer davon befreit worden und sei nun fähig, zu bekennen.

Sie gesteht insgesamt 15 Ausfahrten mit dem Teufel.

Nur zu gern wenden wir uns von diesem düsteren Kapitel ab. Alle Beteiligten, auch die Tuer und Täter, die wohl nicht wussten, was sie taten, mögen ruhen im Frieden.

# Adelsstand und Wappen

## Leonhards heraldischer Traum

*Leonhard von Völs ging das Ansehen seiner Familie über alles. Dazu gehörte auch das ständige „Tunen" des buchstäblichen Aushängeschildes, des Familienwappens, und das Feilen an seinem Siegel. Da die Thematik nicht eben simpel ist und auch viele Heutige (eigentlich wie zur Zeit der Renaissance!) nachgerade von heraldischem Dünkel geplagt sind, soll eine kurze Zusammenstellung relevanter Tatsachen mehr Klarheit in die komplexe Sachlage bringen:*

## Grundzüge der Heraldik (Wappenkunde). Ein Exkurs

Heraldisch bedeutet: Den Regeln der Wappenkunde folgen, damit konform gehen. Bei der folgenden Wappenbeschreibung werden „links" und „rechts" aus der Sicht des Schildträgers gesehen: Heraldisch links = vom Betrachter aus gesehen rechts.

Gehen wir die einzelnen „Komponenten", die in ihrer Zusammenschau das Wappen ergeben, der Reihe nach durch:

**Der Schild**

Geschichtlich gesehen verbreitete sich das Führen von Wappen im Zusammenhang mit den Kreuzzügen um 1100. Nachdem die Ritter im Kampf in einem eisernen „Gehäuse" eingeschlossen waren und der Träger der Rüstung bei geschlossenem Visier nicht mehr erkennbar war, wurden auf den Schild Farbflächen aufgetragen, so genannte Heroldsbilder, die seine Zugehörigkeit zu einer adeligen Familie zweifelsfrei sicherstellten. Unter Heroldsbildern verstand man die geometrische Aufteilung des Schilds durch eine oder mehrere, von Schildrand zu Schildrand verlaufende, Linien in mindestens zwei verschiedenfarbige Felder: gespalten, geteilt, zweimal gespalten, schräg geteilt, linksgeteilt, zweimal schräggeteilt...

Von besonderer Bedeutung ist die Quadrierung oder Vierung (= gespalten und geteilt), die gerne bei einer Wappenvereinigung gewählt wurde.

Die Felderbezeichnung in einem quadrierten Wappen beginnt stets in der heraldisch rechten oberen Ecke des Schildes und endet am heraldisch linken unteren Schildrand. Ein im Zuge einer Wappenvereinigung in der Mitte angebrachter kleiner Schild wird als **Herzschild** bezeichnet.

Den Inhalt des Schildes bezeichnet man also als Heroldsbilder (Heroldsstücke), die mit Farben oder „Metallen" (golden oder silbern) gefüllten Teilungsfelder.

Das Wappen besteht nicht nur aus dem Schild, der das Wappenbild enthält, sondern zusätzlich aus dem Oberwappen, das aus Helm, Helmdecken und Helmzier besteht.

**Der Helm**
...hat geographisch und zeitlich einige Änderungen erfahren. Friedrich III., der Vater „unseres" Maximilian I., führte ein Reglement ein, demzufolge **der Stechhelm** den Bürgerlichen, der **Kolbenturnierhelm** dem Adel vorbehalten sein sollte.

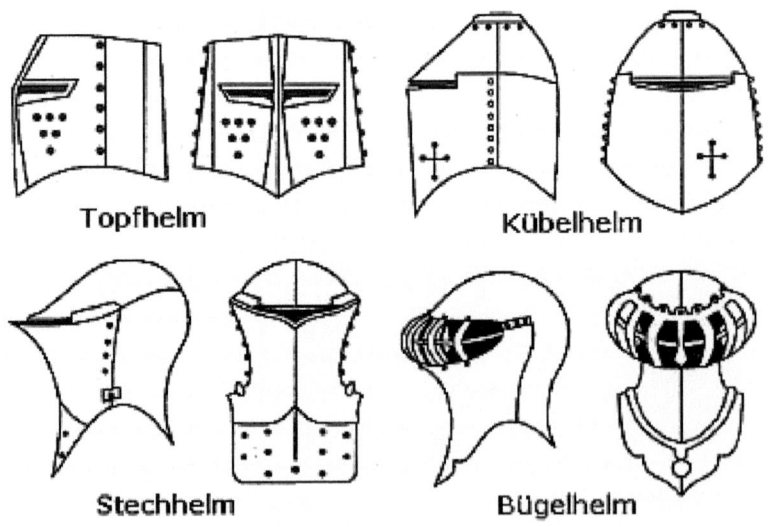

Topfhelm   Kübelhelm

Stechhelm   Bügelhelm

## Helmzier – Helmdecke – Helmwulst

Helmzier – die Figur auf dem Helm – und die Helmdecke, die ursprünglich eine Verlängerung der Helmzier nach unten war, identifizierten zusammen mit dem Wappenbild den Ritter eindeutig als einer bestimmten Familie zugehörig.

Die Helmzier bestand aus figürlichen Darstellungen von Menschen, Pflanzen, Tieren, Phantasiefiguren und Fabelwesen, Flügeln, Hörnern oder Gegenständen. Das verwendete Zeichen korrespondierte mit dem im Schild. Die **Helmzier (das Helmkleinod)** nahm bei den mittelalterlichen Turnieren einen wichtigen Raum ein. Vor jedem Turnier fand eine Helmprobe statt, bei der die **Herolde** (die wappenkundigen „Zeremonienmeister") eine äußerst wichtige Rolle spielten: Sie entschieden über Zulassung oder Nichtzulassung beim Turnier.

Die Helmzier ruht oft auf einem *Helmwulst,* einem Stoffkranz in den Farben der Helmdecken. Er dient als Übergang zwischen Helmzier und Helmdecke, dem aus Stoffbahnen bestehenden Kopf- und Nackenschutz des Ritters. Im Allgemeinen geben die Helmdecken die Hauptfarben des Schildes wieder, wobei die Außenseite die Farbe, die Innenseite das „Metall" (gelb/Gold, weiß/Silber) trägt.

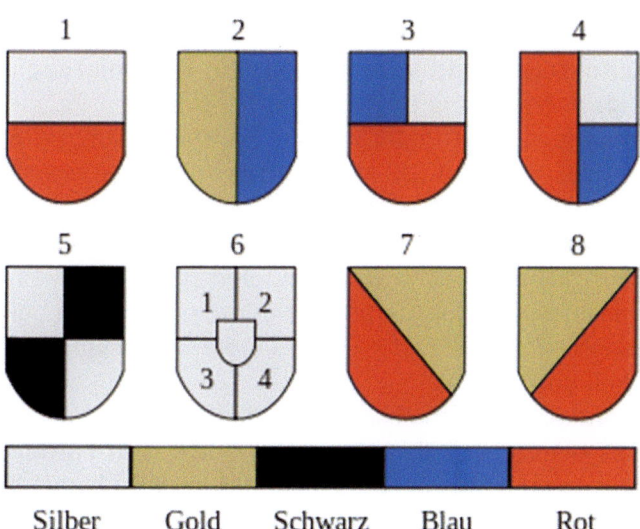

### Heroldsbilder und „Gemeine Figuren"

„Gemeine Figuren" unterscheiden sich von Heroldsbildern, die ja nur die eingefärbten Aufteilungsfelder des Wappenschildes sind, dadurch, dass ihre Farbflächen den Schildrand nicht berühren und sie bestehen aus Symbolen, die auch in natürlichen Farben dargestellt sein können. Wesen aus dem Tierreich, die außerhalb des Schildes dargestellt sind, wie Löwen usw. gelten als **Schildhalter** und gehören nicht zu den Gemeinen Figuren.

### Heraldische Tinkturen: Metalle und Farben

Es gibt nur eine beschränkte Anzahl heraldischer Farben: Rot – Blau – Grün – Schwarz – Purpur (selten) sowie zwei so genannte Metalltinkturen. Gold und Silber sind Metalle, Rot, Blau, Grün, Schwarz sind Farben.

In der Farbgebung des Schildes haben sich einige Grundregeln herausgebildet: So gibt es keine Farbnuancen, sondern ausschließlich „reine" Farben; haben Schilde bei sonst identischer Darstellung unterschiedliche Farben, gelten sie als eigenständige Wappenzeichen; bei der Farbgebung folgt immer Farbe auf Metall oder umgekehrt, möglichst nicht Farbe auf Farbe oder Metall auf Metall. Klarheitsgrundsatz: je weniger Tinkturen, desto klarer das Wappen; das so genannte Pelzwerk (Hermelin u.a.) gilt als Farbe.

### Heraldische Regeln und Vorschriften; die Blasonierung

Die Wappengestaltung ist nach den heraldischen Regeln genauestens festgelegt. Eine Regel besagt, dass das Wappen auf einer Entfernung von 200 Fuß (60 Metern) zweifelsfrei zu erkennen sein muss.

Ein anderer wichtiger heraldischer Grundsatz besagt, dass ein Wappen möglichst schlicht sein soll. Demzufolge soll es wenige, dafür aber unterscheidungskräftige Figuren und Farben beinhalten. Ganz wesentlich ist die Farbe, insbesondere der signalhafte Kontrast von hell und dunkel.

Diese heraldischen Vorschriften und Regeln waren Voraussetzung dafür, dass der Herold die Möglichkeit hatte, den Farben führenden Reiter mittels Blasonierung einem Adelsgeschlecht zuzuordnen: **Blasonierung** (aus Französisch: BLASON für Wappenschild) ist eine standardisierte Form der mündlichen oder schriftlichen Wappenbeschreibung. Es gab ja noch kein PowerPoint, mit dessen Hilfe der Herold bei einem Turnier die Farben der Kontrahenten projizieren hätte können.

**Auch Bürgerliche dürfen Wappen führen**
Es ist wichtig anzumerken, dass das Führen von Wappen nicht den Adeligen vorbehalten war. Ab dem 14. Jahrhundert wurden immer häufiger auch den Angehörigen eines aufstrebenden städtischen Bürgertums Wappen verliehen, und nun durften auch sie Schriftstücke damit siegeln. Auch bei besonderen Verdiensten konnte der Landesherr ein Wappen verleihen.

**Ordnung ins Chaos**
Im Lauf der Zeit wurden Wappenbücher, Wappenmatrikel, Wappenrollen mit genauen Blasonierungen angelegt, die Ordnung in den spätmittelalterlichen Wappendschungel bringen sollten. Ein mit 476 Einträgen sehr umfangreiches Register von Adelswappen aus der Zeit unseres Leonhard ist das **Scheiblersche Wappenbuch**, ein handschriftliches Dokument im Bestand der Bayerischen Staatsbibliothek in München, das im 15. bis 17. Jahrhundert entstanden ist. Auch die wichtigen Tiroler Wappen sind in diesem Verzeichnis erfasst.

**Was ist ein Familienwappen?**
Familienwappen vererben sich wie Familiennamen in der Familie. Doch während der gleiche Familienname von verschiedenen Familien geführt werden kann, unterscheidet ein Familienwappen eine bestimmte Familie unverwechselbar von allen anderen desselben Namens.
**Demzufolge darf ein Wappen nach einer althergebrachten heraldischen Grundregel von jemandem nur dann geführt werden, wenn er von einem berechtigten Träger dieses Wappens in direkter, männlicher Linie abstammt.** So darf beispielsweise ein Ihrem Bruder verliehenes Wappen trotz Ihres gleichen Familiennamens von Ihnen **nicht als Familienwappen** geführt werden. Die meisten der in Südtirol auf Hauswänden zur Schau gestellten Wap-

penbilder sind in strenger Auslegung mehr oder minder kunstfertig gepinselte Anmaßungen. Die korrekte Bildunterschrift wäre in solchen Fällen: **"Namenswappen der Familien Perkmann"** und nicht „Familienwappen der Familie Perkmann", wenn auf meiner Hausklingel „Perkmann" steht, ich aber keinen **Filiationsbrief** (Verleihurkunde) besitze. So befindet sich das 1499 einem Ulrich Perkmann im Engadiner Krieg verliehene Wappen auch folgerichtig in meiner Schublade und nicht an meiner Hauswand, da ich keine direkte Abstammungslinie von diesem Wappenträger rekonstruieren kann.

*Sicht vom Kaminzimmer (Herrenzimmer) zum westlichen Arkadengang*

## Die Herren von Völs und ihre Wappen

Gehen wir nun zu unserem Leonhard zurück. Unser Exkurs in die hehren Gefilde der Wappenkunde sollte unseren Blick für diese Thematik schärfen, um die heraldischen Kapriolen unseres Leonhard besser nachvollziehen zu können.

Leonhards Familie, die Herren von Vels, Fels, Völs, Völs-Colonna verwendeten im Lauf der Jahrhun-der-te unterschiedliche Wappen, bis dann durch eine „Wappenbesserung" bzw. „Wappenvermehrung", die vom Landesfürsten und Kaiser gewährt wurde, die alten Velser-Wappen von Leonhard in ein neues zusam-men-gefasst und durch die gekrönten Colonna-Säulen ange-reichert wurde. Das Recht, dieses neue Wappen zu führen, wurde ihm, aber auch seinem Bruder Michael, verliehen und entsprechend verbrieft. Die letzten adeligen Wappenträger sind 1811 in der Völser Linie mit Ägydius Oswald, Domherr zu Brixen und Freising – sein Bruder Felix war bereits 1804 kinderlos gestorben - und 1807 mit Graf Phillip Norbert Colonna von Völs in der schlesischen Linie ausgestorben. Der Schlesier hatte sich umsonst bei der damals in Napoleonischer Zeit für Tirol zuständigen Bayrischen Regierung um das Völser Erbe bemüht und starb dann ja auch vor dem letzten „Völser Völser". Man kann an Leonhards heraldisch motivierten Bemühungen erkennen, dass zur Zeit der Renaissance das Führen eines adeligen Wappens Prestige bedeutete und dass erheblicher, auch finanzieller, Aufwand betrieben wurde, um die eigene Familie möglichst weit zurückzudatieren; wenn möglich gar bis zu den Römern. Das war das Höchste. Renaissance – Rinascita – Wiedergeburt: Europa sollte im Geist der Antike wiedergeboren werden. Und Humanismus: Der Mensch stehe im Mittelpunkt! Ein Motto ganz nach Leonhards Geschmack. Analog zum damals gleichermaßen grassierenden Reliquienkult und –schwindel mach-ten sich Adelige und ambitionierte neureiche Bürger zu abenteuerlichen und zumeist auch dubiosen Recherchen auf nach numinosen klassischen Heroen in der Ahnentafel - und fanden dann schon jemanden, der ihnen, zumeist gegen bare Münze, die ersehnte genealogische Rückbindung bescheinigte.

## Marc'Antonio oder Prospero Colonna: Wer von beiden? Oder weder – noch?

Unser Leonhard fand einen Wunsch- bzw. Fantasieahnen im italienischen Adeligen Marc'Antonio, einem Angehörigen der in ihrer Selbstdefinition uralten Adelsfamilie der Colonna, die sich auf römische Wurzeln bis zur Gens Julia beruft und tatsächlich berühmte Leute hervorgebracht hat, darunter auch einen Papst. Er hat diesen Condottiere im Venezianerkrieg möglicherweise dortselbst kennen gelernt und könnte von ihm ein Adelsprivileg (ohne genealogische Rückbindung…) erhalten haben (Passus in einer Urkunde von 1564 im Schlossarchiv). Die Anwesenheit eines Colonna vor Venedig ist allerdings nur in Bezug auf Prospero 1513 bezeugt.

So begehrenswert die Säule und aus Sicht der Historiker ein unbelegter Filiationsbrief auch waren, Leonhard zögerte einige Jahre damit, die Säule ins Völser Wappen zu integrieren und sich als Spross der Colonna zu outen: Auch die Grafen und Herzöge von Habsburg beriefen sich ja auf diese Abstammung, ebenso wie auch der alte Haudegen, Gaudenz, der Graf von Matsch. Mit diesem Herrn wollte sich Leonhard keinesfalls anlegen, stand er doch in der Adelshierarchie weit über ihm und war auch sonst ein eher ungemütlicher Bursche. Ob der Tiroler Ausdruck „matschen" für „wüten, hausen", von diesem Herrn herstammt? Passen würde das schon.

Erst als der alte Matscher 1504 verstorben war und die Habsburger keinen Wert mehr auf heraldisch überstrapazierte und insofern in ihrer Valenz herabgestufte Säulen legten, ließ sich Leonhard 1507 von Ulrich Ursentaler das berühmte Siegel schneiden, das wegen seiner imposanten Dimension und der kunstvollen Ausgestaltung im Renaissancestil sogar dem Kaiser (noch war er für ein Jahr „lediglich" König) imponierte. Ursenthaler, der Siegelschneider, fand daraufhin in der Haller Münze eine seinen Fähigkeiten angemessene Position.

Erstaunlicherweise finden wir in einem Fresko am „viereggeten" Turm (dritter Stock) fast verschämt unter vier Wäppelchen, die demjenigen der Österreicher den Löwenanteil im Rund der Sonnen-uhr einräumen, an der rechten oberen Ecke eins – mit einer Säule! Wo Gaudenz doch noch lebte! Dieses Gemälde trägt die Jahreszahl 1487, und der Matscher hatte noch ganze sieben martialische Lebensjahre vor sich. Wahrscheinlich hat unser Leonhard den Grafen nie nach Völs eingeladen. Jetzt kennen wir den Grund dafür: „Seine" Säule auf Völser Mauerwerk hätte der alte Matscher Graf hierarchisch nicht „derpackt"...

1487 war auch das Jahr, in dem Leonhard im Auftrag seines Königs als Hauptmann einen „Gewalthaufen" im Venezianer Krieg anführte. Königlicher Gesandter war er dann 1495. Ein zu Beginn des 16. Jahrhunderts in Schloss Wolfsthurn bei Mareit gemalter völsischer Stammbaum gibt das Jahr 1490 als das Datum an, an dem die Abstammung von den Colonna „confirmirt und bestetiget" worden sei.

## Die „Besserung" des Wappens

Zur Zeit, als die alten Völser noch beim Turmwirt im Romantikhotel hausten, sagen wir, im Turm, den das heutige Romantikhotel umschließt, siegelten sie mit einem ein-fachen Bindenwappen, einmal (Arnold, 1279) mit, dann (Arnolds Sohn Eltl) wieder ohne Rose. Dann taucht gegen 1340 (Eltls Enkel Hans siegelt damit) ein rotes Tatzenkreuz in silberner Binde auf schwarzem Grund auf und blieb über hundert Jahre das Siegel-wappen der mittler-weile in Prösels residierenden Familie. Ein Wappen-löwe (1266 siegelt ein Herr Heinrich von Völs damit; es ist das älteste bekannte Völser Wappen) kam so schnell daher wie er wieder verschwand.

Auch unser Leonhard siegelt anfangs wie sein Vater Caspar mit dem alten Wappenzeichen, dem Tatzenkreuz, bis er zuerst eine, dann gleich zwei gekrönte Säulen zusammen mit dem Tatzenkreuz und der altehrwürdigen Rose zu einem „gebesser-ten" Wappen assemblierte. Und dabei ist es geblieben. Der Verleihbrief des Landesfürsten Maxi-milian (diesen Job bekleidete er ja auch) ist nicht erhalten geblieben, den könnte der Velser ob seiner Freundschaft mit dem König aber wohl tatsächlich auch bekommen haben. Die Tatsache, dass Leonhard bis zu seinem Tod bevorzugt diese neue Wappen-kreation führte, zeigt jedenfalls, dass er sich dazu auch berechtigt fühlte (was nicht viel heißt…).

Bemerkenswert ist im Völser Wappen die Helmzier:

Eine ganz und gar unvölserische, gebirgsfremde, doppelschwänzige, nackige Meerjungfrau mit einem sechszackigen Stern in der Rechten als Markenzeichen der Colonna. Irgendwen muss diese Nackedei im Lauf der Zeiten, die kamen und gingen, provoziert haben, jedenfalls weist die in Diskussion stehende Helmfigur in Leonhards Wappen, das oberhalb des Südportals der Völser Pfarrkirche angebracht ist, arge Schäden auf, die nicht auf Erosion, sondern auf energische Gewalteinwirkung hindeuten.

**Unser Leonhard „hebt ab"**

Kurios wirkt in gegenständlichem Zusammenhang bei all dem, was wir über Leonhard glauben in Erfahrung gebracht zu haben, das, was er in einem Brief an seinen Landesfürsten Ferdinand über seine Ahnen verlauten ließ, nämlich (dass) *„dern Altvordern vor etlich hundert Jaren aus Rom, des Pluets und Stamens der Herren von Columbers (…) in diese fürstliche Grafschaft Tirol kumen sein."* (B. Mahlknecht im Völser Dorfbuch S. 225).

Da hatten wir unseren Leonhard doch immer für einen knallharten Realisten gehalten. Und nun das!

Wir sind nun nach allen diesen Ausführungen imstande, eine fach- und sachgerechte **BLASONIERUNG des völsischen Wappens** vorzunehmen:

*Das Wappen der Völs-Colonna ist geviertelt. Im ersten und vierten Feld befindet sich jeweils eine stehende gekrönte Colonna-Säule auf purpurnem Grund, im zweiten die mit einem roten Tatzenkreuz belegte silberne Binde auf schwarzem Grund, im dritten Feld die silberne Binde mit der roten Rose auf schwarzem Grund. Der Herzschild trägt das gekrönte Schenkenberger Wappen mit goldenem Pokal und drei weißen sowie drei schwarzen Schrägbalken. Über diesem Wappen befinden sich als Helmzier drei gekrönte Bügelhelme. Aus dem ersten entspringt die Meerjungfrau der Colonna, aus dem mittleren der Schenkenberger Kelch, aus dem rechten wächst ein „Doppelflug" mit dem schwarzen Tatzenkreuz auf silbernem Grund. Die Helmdecken widerspiegeln die Farben des ersten und vierten Feldes (heraldisch rechts) bzw. des zweiten und dritten Feldes (links). Die hier dargestellte „Wappenvermehrung" mit dem Schenkenberger Wappen wurde Melchior, dem älteren Sohn des Leonhard, 1535 vom Landesfürsten gewährt. 1559 scheint dieses Wappen als Stammwappen der Herren von Völs auf, wenn etwa Melchiors Sohn den wohlklingenden Titel „Caspar Colonna Freyherr zv Vels, Herr zu Schenkenberg" führt; wobei sowohl der Freiherr als auch die Bindung an die Colonna ohne ausreichende Belege bleiben...*

## Es knistert im Gebälk des Feudalsystems

Da war die Jahrhundertwende, da war Kolumbus, da war Luther. Da war nun nichts mehr, wie es war. Auch die Bauern spürten die Schwäche eines alternden Systems. Zu viel hatte sich geändert, zu viel war in Umbruch, und Gutenbergs Pressen spuckten kompromittierende Schriften in die hysterisch aufgeladene frühneuzeitliche Welt. Leonhard, der Völser, tat aber so, als stehe der Feudalismus noch immer in seine Hochblüte, als sei das Mittelalter mit dem Herrenrecht noch Garant für das Fortbestehen der Welt. Ein bisschen erinnert die Zeit um 1525 an die 68er Jahre des 20. Jahrhunderts. Hier wie dort wurden Autorität und Staatsgewalt infrage gestellt, hier wie dort „probte man den Aufstand". So auch im Gericht Völs.

Die Bauern, der Willkür ihres Gerichtsherrn überdrüssig, präsentierten den

**Beschwerdebrief der Völser Bauern**

verfasst gegen ihren Grundherrn Leonhard von Völs auf dem Landtag in Meran im Mai 1525*

as Maß, Ihr Herren, das Maß ist nun voll!
*Der Baumann weiß nicht mehr,*
*was er darf, was er soll.*
*Herr Lienhart hat ihm manch Hueben konfisziert*
*hat drum aber beileib nicht den Zins korrigiert,*
*ja er hat ihn sogar ganz keck angehoben,*
*hat uns demnach gleich doppelt betrogen.*

*Dann hat er auf unsre Äcker und Wiesen*
*sein Vieh lassen treiben*
*dieweil die Frucht war im Sprießen.*
*Ferner hat er ohn' unsern Willen Auftrag geben,*

*Zwölf Artikel der Bauern. Flugschrift von 1525*

*dass angelegt werden auf Baumanns Grund
Wege und Stegen.*

*Einen Mühlbach mussten wir dann selber graben
zu des Herren Vorteil, zu unserem Schaden.
Und wer sich dagegen zur Wehr gesetzt hat,
den macht er mit Fron und Prügeln satt.
Und dann trieben uns seine Knechte noch an,
dass wir einen Weiher beim Schloss legen an,
bei Zimmerlehn den andern, die Fron plagt uns sehr
und unsre eignen Felder, die blieben drauf leer
doch war drum dennoch der Zins zu entrichten
von nicht vorhandenem Korn,
nicht vorhandenen Früchten.*

*Dies ist Herrn Lienharts Hand,
dass Ihr uns versteht
und ihm nicht fürder Recht in allem gebt.*

*Drum fordern wir Velser hier im Namen Jesu Christ,
dass unser Herr Lienhart zur Rechenschaft
zu ziehen ist.*

*Und dann erklären wir,
wenn's manchem auch nicht gefällt
den Landshauptmann überhaupt für abbestellt.
Desgleichen brauchen wir auch keinen Pfleger mehr*

*Wir verstehen, das alles erschreckt Euch sehr!*

*Die Richter sollen ferner ihres Amts
nach altem Rechte walten
unabhängig, sollen kein Anteil
am Strafgericht erhalten.*

*Dies alles fordern wir, so wahr wir hier stehn
und wollen kein Zollbreit davon abgehn.*

*Wir wollen nicht etwa unbotmäßig sein,
nur unser göttlich Recht fordern wir,
Ihr Herren, seid gnädig,
versteht unsre Pein!*

\* Der Autor beschreibt hier in einem fiktiven Text in der Gepflogenheit damaliger Schüttelreime die in den Meraner Artikeln gegen Leonhard vorgebrachten Kritikpunkte und Beanstandungen, wie sie sich in seinen Augen darstellen. Auch die in ihrem Wesen nachgerade obrigkeitsfeindlich anmutenden, gegen das Amt des Pflegers bzw. gegen den Landeshauptmann selbst gerichteten Aussagen sind historisch verbrieft und werfen Licht auf die Art und Weise, wie Leonhard mit seinen Gerichtsleuten verfuhr bzw. wie sein Regiment von diesen in jener aufgewühlten Zeit der Bauernaufstände rezipiert worden ist. Sein Sohn Melchior agierte in den eisernen Fußstapfen seines Vaters und ging nach Niederwerfung des Aufstands mit äußerster Härte gegen die Aufrührer vor.

*Der Basteiturm*

## Leonhards des Älteren Tod

1458 war Leonhard der Ältere geboren; er starb nach kurzer Krankheit in der zweiten Hälfte des Jahres 1530, wurde 72 Jahre alt und erreichte somit, gemessen an der damaligen Lebenserwartung ‚ein beachtliches Alter.

Bruno Mahlknecht, Südtiroler Heimatforscher und Autor zahlreicher kulturgeschichtlicher Publikationen, beschreibt in einem Artikel im Völser Gemeindebuch Leonhards Grabstein:

*„Der Grabstein Leonhards von Völs ist rechteckig (Hochformat), 89 cm breit und 229 cm hoch, mit dem Sockel (28 cm) insgesamt 257 cm hoch. Die Tiefe des Steines beträgt etwa 22 cm. Das Material ist grauer Sandstein.*

*Die Schrift im oberen Teil lässt sich noch verhältnismäßig gut lesen. Sie weist Versalien auf, ist in 14 Zeilen gegliedert und lautet:*

HIE LIGT BEGRABEN DER WOLGEBORN HERR LEONHARDT FREYHERR ZV VELS ETC. MITSAMBT SEINER GEMACHL FRAVEN VRSVLA GEPORNE GRAFIN ZV MONTFORT DEREN SELEN GOT DER ALMECHTIG GNÄDIG VND BARMHERCZIG SEIN WOLL. AMEN. M. D. XXX. SEINS ALTERS IM LXXII IAR.

*Um den Grabstein führte einstmals eine Schrift, auch in Großbuchstaben, die aber heute im unteren Teil infolge der Zersetzung des Sandsteines ganz verschwunden ist. Möglicherweise begann diese Umschrift links unten und lief im Uhrzeigersinn um den Stein. Ich vermute, dass diese Umschrift gelautet haben könnte (Eingeklammertes wurde von mir ergänzt):*

(IST LANDHAU)BTMAN GEWESEN XXXIII IAR (BIS ER) GESTORBEN
VND IST DER (KAIS. UND KÖNIGL. MAJESTÄT RAT GEWESEN 41 JAHR)."

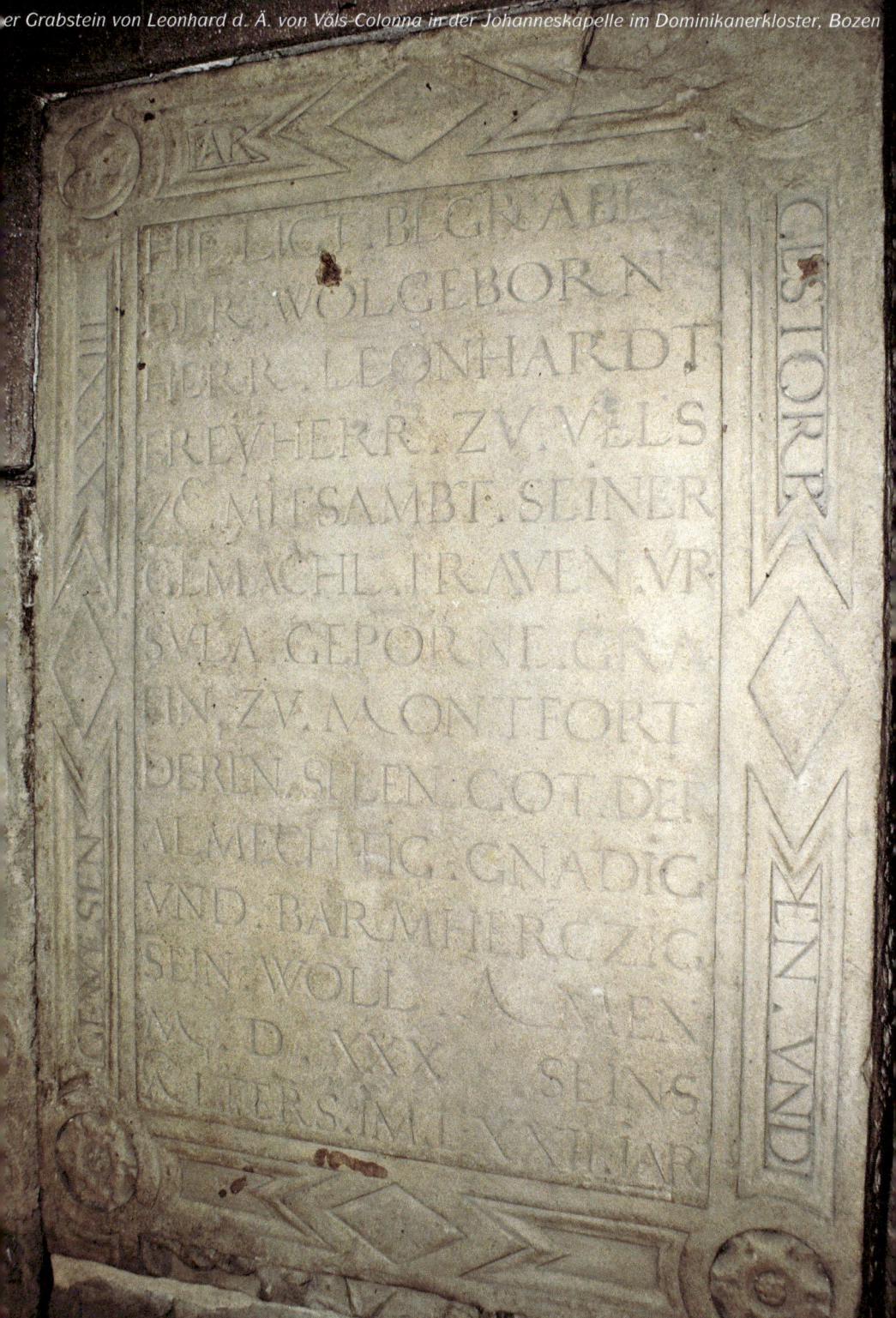

Leonhards Grabstein befindet sich heute in der in den ersten Jahrzehnten des 14. Jahrhunderts mit Fresken aus der Veroneser Giotto-Schule ausgemalten Johanneskapelle im Bozner Dominikanerkloster vor dem Altar. Die gut erhaltenen Malereien wurden ab 1935 freigelegt und stellen einen Höhepunkt mittelalterlicher Wandmalerei in Bozen dar. Der Raum ist in mystisches Dunkel getaucht, kann durch Einwurf von 50 Cent in einen Automaten aber beleuchtet werden. Nur so fand ich die Epitaphien des Leonhard und Karl von Völs-Colonna und den eines Volkmar von Niederthor. Der Grabstein Leonhards ist, wie Bruno Mahlknecht schreibt, in seinem unteren Teil tatsächlich stark beschädigt. Die Inschrift im oberen kann aber gut gelesen werden.

*Zweiter Torturm vom Tischlerhaus aus gesehen*

## Leonhard der Jüngere

War schon der Onkel, Leonhard der Ältere, alles andere als ein behäbiger Biedermann oder gar ein Stubenhocker, der es sich vor dem Kaminfeuer im Presler Palas gemütlich macht, war des Freiherrn und Landeshauptmanns Neffe, Leonhard der Jüngere, Michaels ältester Sohn, in seinem Wesen noch erheblich martialischer; den Großteil seiner 48 Lebensjahre war er auf Schlachtfeldern in Ungarn engagiert, wo er, von König Ferdinand zum Oberbefehlshaber aller in Ungarn operierender Truppen ernannt, sich erst mit dem ungarischen Gegenkönig Zapolya, nach dessen Kapitulation dann mit mehreren Nachfolgern herumschlug und dabei militärisch durchaus erfolgreich war. Nicht umsonst wurde er von seinem König mit den höchsten Ehren ausgezeichnet.

Eingebettet waren diese etwas peripheren ungarischen Scharmützel in ein weit bedeutsameres Ereignis: In den ersten europäischen Türkenkrieg unter Sultan Soliman. Bei der Belagerung von Wien 1529 fiel dem Völser Haudegen mit dem Titel eines Obristen die Ehre zu, mit seinen Landsknechten das über drei lange Wochen heftig umkämpfte Burgtor zu verteidigen. Es ist nicht Lokalpatriotismus wenn hier behauptet wird, dass dem wackeren Leonhard eine dicke Scheibe am Erfolg zufällt, wenn die Türken schließlich nach dreiwöchiger Belagerung das Feld räumten, unverrichteter Dinge in Richtung Kärnten abzogen und sich dafür an den Kärntnern schadlos hielten, die nichts dafür konnten. Das eiserne Handwerk, das neben Umsicht und Mut zur Grundausstattung eines rechten mittelalterlichen beziehungsweise frühneuzeitlichen Haudegens gehört, hat ihm, wie kann es anders sein?, sein in allen martialischen Dingen äußerst bewandter Völser Onkel beigebracht.

Im Wiener Stephansdom steht der prunkvolle Epitaph dieses Mannes, der in seinem kurzen, aber äußerst bewegten Leben zu militärischen (OBRISTER FELD-HAVBTMANN IN HVNGERN WINDISCH UND NIEDERÖSTERREICHISCHEN LAND), zivilen (GEHAIMER RAT CAMERER HOFMEISTER) und politischen (LANDSHAVBT-

*Belagerung der Stadt Wien*

Leonhard d. J.          *Belagerung der Stadt Wien. Ausschnitt*

Möglicherweise fällt auch Ihnen die frappierende Ähnlichkeit der beiden Leonhards d.J. auf: Verwegen vorgerecktes Kinn, Spitzbart, energische Ausstrahlung: Alles da.

MANN AN DER ETSCH) Ehren gekommen war und nach getaner Tat angemessen feierlich ins Jenseits entlassen wurde.

Schloss Prösels hat der Weltenbummler Leonhard d. J. in späteren Jahren wohl nicht allzu oft zu Gesicht bekommen. Trotzdem: ein Velser war auch er und noch dazu ein berühmter!

Und: die ersten Windeln hat er vermutlich neben der Haselburg in Bozen während der Sommerfrische auf Schloss Prösels vollgemacht.

*Epitaph des Leonhard d. J. im Wiener Stephansdom*

## Spätere Baugeschichte

Während die Burg 1629 noch als „in gueten wirden" (in gutem Zustand) bezeichnet wird, wird 1638 in einer anderen Quelle ihr schlechter Erhaltungszustand beschrieben. In der zweiten Hälfte des 18. Jahrhunderts gab es auf Prösels einen Brand, ohne dass überliefert worden wäre, ob derselbe Schäden an Inventar oder Gebäuden angerichtet hätte.

1804 Mit Felix (1804) bzw. 1811 mit Ägidius Oswald stirbt die tirolische Linie der Freiherrn von Völs aus. Graf Philipp Norbert Colonna von Vels, der letzte männliche Spross aus der böhmisch-schlesischen Linie, sucht bei der damals für Tirol zuständigen bayrischen Regierung um die Belehnung mit Prösels an, wird aber abgewiesen und stirbt seinerseits im Jahr 1807. Damit ist auch dieser Zweig der Völser Adeligen erloschen.

1806 wird die Burgkapelle exsekriert.

1809 ersteigert Anna Menz geborene von Gummer Schloss Prösels. Dem Verfall der Burg wird dadurch aber nicht Einhalt geboten.

1835 stürzt ein Turm ein; die Burg verfällt zusehends.

1844 ist die Burg zu einem „Grabmonument" (J. J. Staffler) verkommen.

1860 beginnen erste Rettungsversuche; F. A. von Kofler, Bozner Handelskammerpräsident, kauft „das völlig verfallene Schloss Prösels" (Kaufurkunde) und macht sich an seine Rettung. Ihm verdankt Prösels auch die Waffensammlung. Leider hat sein Sohn an der Burg weniger Interesse.

1872 verkauft Kofler „die Schlossruine" an Alexander Georg Gustav Freiherrn von Siebold. Der neue Besitzer lässt den eingestürzten nördlichen Teil des Westtraktes wiederaufbauen.

1878 geht die Burg an Carl Ritter Mayer von Mayerfels über; dessen Erben verkaufen sie

1887 an den wohlhabenden Frankfurter Kunstmaler Alexander Franz Günther, der sich nun emsig an der Burg zu schaffen macht: Er lässt den großen Saal im Nordosttrakt gestalten, den Mohrenturm zu einem Wohnraum umbauen und wichtige Sanierungen an Dächern und Mauerwerk vornehmen. Von dem von Günther ein- und angebrachten Inventar ist in der Folgezeit leider das meiste durch Diebstähle verloren gegangen.

1897 Prösels an Ludwig Freiherr von Gumppenberg-Pöttems-Oberbrenn, der es dann schon

1900 an Wilhelmine Gräfin von Lerchenfeld-Köferin abtritt.

1917 kommt Prösels in den Besitz von Nikolaus Grein, verliert die meisten der bis dahin noch verbliebenen Kunstschätze und wird schließlich versteigert.

1935 wird das Schloss dem „Ente di Rinascita Agraria per Le Tre Venezie" zugesprochen;

1943 wird es von Dr. Giovanni Selvi angekauft und

1952 an Alois Mathà weiterverkauft, der sich im Rahmen seiner Möglichkeiten mit viel Engagement um dessen Erhaltung bemüht. Als Mathà

1978 stirbt, ist Schloss Prösels nahezu vier Jahre lang sich selbst überlassen und nimmt in dieser Zeit übel Schaden durch Diebstähle und weiter fortschreitenden Verfall.

1982 wird Prösels vom eigens zur Rettung des Schlosses gegründeten „Kuratorium Schloss Prösels" angekauft und von diesem auf mustergültige Weise wieder „erhebet" (Jargon des 16. Jh.).

Bis zur Übernahme des Schlosses durch das Kuratorium hat es 14 Besitzwechsel gegeben. Es ist unmöglich, die Arbeit und das kollektive Engagement gebührend zu würdigen, das die Mitglieder des Kuratoriums und viele Völser Bürgerinnen und Bürger unentgeltlich in die Sanierung des Schlosses gesteckt haben – und weiter stecken. Das Schloss steht nun in einzigartigem Glanz da und wird für Feste, festliche Anlässe, Ausstellungen und Konzerte genutzt. Das durch Diebstahl und Verfall verloren gegangene Interieur wurde im Rahmen des Möglichen ersetzt. – Es würde die Möglichkeiten und den Rahmen dieses Führers überschreiten, auf die jüngsten Enthüllungen einzugehen, die 2011 durch den Einsturz einer Mauer und durch weitere Aushubarbeiten Einblicke bis in die romanische Zeit gewähren. In den neu angelegten Räumen in der Basis des zweiten romanischen Turms aus dem 11.-12. Jahrhundert, von denen der größte als Konferenzraum genutzt wird, befinden sich Schaukästen mit Artefakten und Fragmenten, die im Zuge der Aushubarbeiten aufgefunden worden sind. Schautafeln erläutern den augenblicklichen Wissensstand.

*Zweiter Torturm vom Zwinger aus gesehen*

## Das Kuratorium

Ohne Kuratorium wäre es heute um Schloss Prösels schlecht bestellt; ganz und gar heruntergekommen wäre es, und wenn es überhaupt noch als einstiges Bauwerk zu identifizieren wäre und sich nicht bloß wie Schenkenberg als ein von Sträuchern überwucherter Stein- und Schutthügel zeigte, wäre es jedenfalls nur mehr ein Schatten seiner selbst. *"Liebhaber, die eine Burg aus Freude und kulturellem Verantwortungsbewusstsein ankaufen und behutsam restaurieren, (sind) heute gleich selten wie früher"*, schrieb Dr. Helmuth Stampfer in den „Dolomiten", der damals wie heute auflagenstärksten Südtiroler Tageszeitung am Mittwoch, den 28. November 1979, ein Jahr nach Mathàs, des letzten Schlossbesitzers Tod. Und *"man kann nur hoffen, dass vielleicht doch kulturelle Vereinigungen, Institutionen oder Stiftungen die geforderte Kaufsumme aufbringen, um Schloss Prösels ohne profitorientierte Zweckentfremdung sorgfältig zu erhalten"*.

Vielleicht gibt die folgende fiktive Erzählung einen Eindruck davon, was tatsächlich geschehen ist seitdem und wie viel an konservierender und Wiederaufbauleistung in dieses von Verfall und Niedergang bedrohte Gebäude gesteckt worden ist:

„Völs, am 23.7.2032

Nicht weit vom uralten Höhenweg, der von Völs über Ums und Prösels nach Völser Aicha und Tiers führt, dort wo die von Blumau in die Höhe des Mittelgebirges führende Straße quert, lag einst ein Schloss, so mächtig und stark wie das eines rechten mittelalterlichen Königs. Fürsten und Adelige aus dem habsburgischen Vorderösterreich, aber auch Condottieri und vornehme Conti aus Oberitalien gingen in dem herrlichen Palast ein und aus, und an langen Sommerabenden hörte man in den umliegenden Weilern das Singen und Feiern der adeligen Gesellschaft bis tief in die laue Nacht hinein.

‚Das Schloss', nannten die Bauern den Stammsitz derer von Vels-Colonna schlicht, was den in den anderen, weit bescheideneren Edelansitzen lebenden Herrschaften wohl sauer aufgestoßen sein mag: Denen zu Zimmerlehen, den Schenkenbergern und denen zu Völsegg und wie sie alle hießen, die Gerade-eben-noch-Adeligen, die ‚ordentlichen' Matrikeladeligen und was da noch so an Geschlechtern mit fürstlichem Anspruch zu finden war in der damaligen Zeit an diesem Ort."

Wenn der Wanderer heute diesen Weg nimmt, vielleicht weil er, als Gast in Völs weilend, über Ums und Prösels auf Schnaggen hinauf will, nach Völsegg oder gar bis nach Tiers, und wenn er im Prösler Hof auf ein Glas Wein einkehrt, schmökert er in seinem Wanderführer, mag sein, und findet dabei auch den Weiler Prösels vermerkt.

Und da entdeckt er vielleicht die obige Schilderung, darunter eine Lithographie aus dem Jahre 1859 und die in den braunen lithographischen Himmel gesetzte Aufschrift: „Das Schloss Prösels bei Völs".

Neugierig geworden winkt er das Schankmädchen herbei, ein Kind von höchstens zwölf, unglaublich, was in Italien alles erlaubt ist! Das ist doch Kinderarbeit!, und fragt: „Sag mal, stand hier in eurem Ort denn tatsächlich mal ein richtiges Schloss?"

„Ach das Schloss", sagt die Angesprochene dann vielleicht nach leichtem Zögern, hebt das Glas hoch und wischt mit einem Fetzen über die freie Tischfläche. „Sie meinen Schloss Prösels? Ja, da soll einmal eine Burg gewesen sein, haben wir in der Schule gelernt. Dort drüben auf dem Hügel, wo die Birken stehen, sehen Sie?"

Da bezahlt der Gast das Glas Wein, ein herber Tropfen im Vergleich zu den lieblichen Pfälzerweinen seiner Heimat, nimmt den Rucksack, dankt für die Auskunft und verlässt die Gaststube. Schloss Prösels! Das wird er sich anschauen. Dass man ihm im Tourismusbüro drüben in Völs kein Sterbenswörtchen davon gesagt hat! Burgen und Schlösser, seine Passion! Meran, das Südtiroler Unterland und so weiter. Na klar. Dass aber auch hier in Völs –

Dann entdeckt er ihn, unweit des Gasthauses, den Schuttkegel mit einigen kümmerlichen Mauerresten, davor ein Schild des Südtiroler Burgenvereins, auf dem auf einer zerkratzten Metallplatte Folgendes zu lesen steht:

„Hier stand vor fünfhundert Jahren das von den Herren von Völs-Colonna erbaute Schloss Prösels, ein Kleinod im Burgenbau der Maximilian'schen Zeit. Zu besonderen Ehren brachte es im Übergang vom fünfzehnten zum sechzehnten Jahrhundert Leonhard der Ältere, der bedeutendste Spross dieser Freiherrenfamilie, der sein Geschlecht über die Grenzen des Landes hinweg zu großem Ansehen brachte. Sogar der Kaiser selbst, der Habsburger Maximilian I., zu dessen engerem Vertrautenkreis der Landeshauptmann Leonhard zählte, verkehrte verschiedentlich in diesem Schloss, von dem Sie hier nur mehr wenige kümmerliche Mauerreste sehen. Im vergangenen Jahrhundert war von der ehemals prächtigen Schlossanlage im damals hochmodernen Renaissancestil noch ein Großteil vorhanden. Da die Burg nach dem Tod des letzten Besitzers längere Zeit unbewohnt war, ging ihr Inventar nach und nach durch Einbrüche und Diebstähle verloren; dabei wurden sogar ganze Teile des Gebälks entwendet; Stück für Stück wurden Balustraden abgetragen, Friese, Simse, Fensterrahmen, Maßwerk, Steinmetzarbeiten, schmiedeeiserne Gitter, kurz alles, was für skrupellose, auf mittelalterliche Kunstgegenstände spezialisierte Kunstdiebe von Interesse sein konnte. Schließlich brachen nach und nach die Dächer ein, was den Verfall des Schlosses ungemein beschleunigte. Der Mauerrest, den Sie hier sehen, ist ein Teil vom Südflügel des ehemaligen Palas."

Ja, denkt der Gast, wie er die Überbleibsel einer offenbar glorreichen Vergangenheit in einem solch heruntergekommenen Zustand sieht. Hier haben wohl die Behörden versagt, das Denkmalamt und so weiter. Jammerschade, dass auch die Bevölkerung nichts unternommen hat, um das Schloss zu retten!

„Ein Kuratorium", sagt er dann zu dem Mann, der sich zum fremden Gast gesellt, ein Einheimischer, und sie kommen gleich ins Gespräch. „Ein Kuratorium wäre die Lösung gewesen. Verstehen Sie? Man hätte alle Verbände und kulturellen Organisationen im Land in ein Kuratorium einbinden können, die Gemeinden und so weiter, um dieses Kulturdenkmal zu retten."

> Ja, gibt der Einheimische nachdenklich zurück, die sei ja auch tatsächlich erwogen worden, diese Idee eines Kuratoriums. Er erinnere sich an einen diesbezüglichen Zeitungsartikel und an einen Tagesordnungspunkt im Gemeinderat. Aber dann sei halt doch nichts geschehen. Leider. Und jetzt sei alles zu spät.
> Diese „Steinlammer", sagt der Mann und bedenkt den von Unkraut überwachsenen Hügel mit mitleidigen Blicken, diese Lammer (Schuttberg) könne nicht einmal mehr als anständige Ruine geführt werden. Und dass man sich dieses verhängnisvollen Versäumnisses schäme, beweise der Umstand, dass man in der Bevölkerung jede Erinnerung an Schloss Prösels scheue und einfach nicht darüber spricht. „Dabei hätte das Schloss ein kulturelles Zentrum werden können. Ein richtiges kulturelles Zentrum!"

So oder so ähnlich hätte ein Gespräch verlaufen können, wäre nicht alles anders gekommen: anders, besser, viel besser, nahezu ideal:

*Es gibt ein Kuratorium Schloss Prösels.*
*Das Schloss ist gerettet.*
*Es ist ein kulturelles Zentrum.*

Und der alte Leonhard wäre entzückt über den schmucken Anblick, den Schloss Prösels Einheimischen wie mir und Gästen wie Ihnen heute bietet.

Michael Rabensteiner, unser "Schlossmichl", hat über Jahrzehnte zusammen mit seiner Frau Steffi das Schloss behütet, betreut, gepflegt und mit seinen beiden Schäferhunden auch bewacht. Nun ist er in den Ruhestand getreten. Steffi durfte diesen Schritt nicht mehr miterleben; sie ist plötzlich verstorben und wir trauern um sie. - Nun hat Herr Georg Grote, der mit seiner irischstämmigen Frau und den beiden Töchtern das Schloss bezogen hat, Michls Funktion übernommen. Wir freuen uns auf die anspruchsvollen Vorhaben des neuen Kustos und wünschen ihm und seiner Familie alles Gute.

# DIE COLONNA FREIHERREN ZU VÖLS

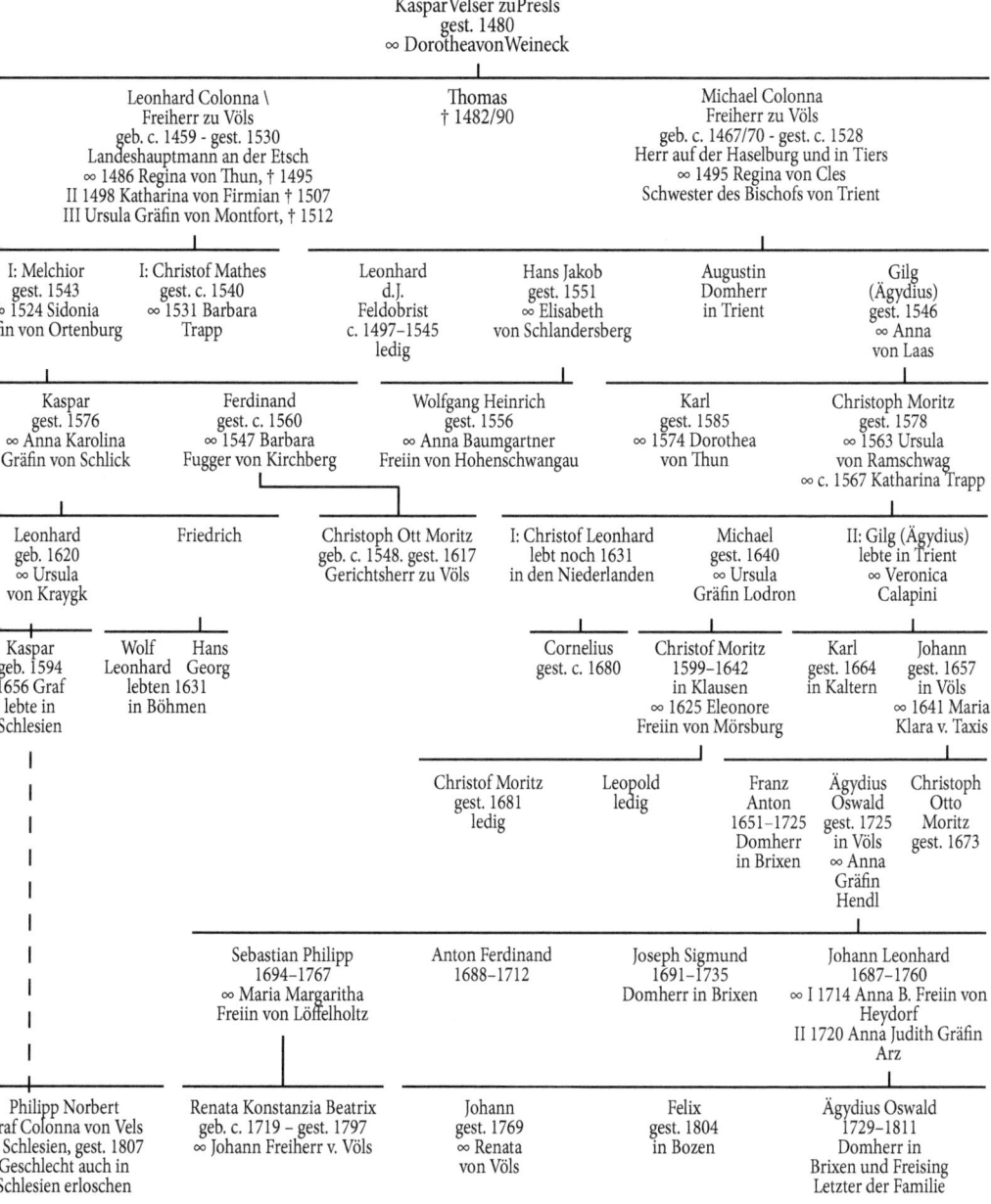

# Bibliographie

**Dorfbuch Völs am Schlern,** Völs 1986
Josef Fontana u.a.: **Geschichte des Landes Tirol** Bd.2; Athesia Verlag Bozen 1986
M. Forcher: Tirols **Geschichte in Wort und Bild.** Haymon-Verlag, Innsbruck 1984
Christoph v. Hartungen (Hrsg.): **Michael Gaismair und seine Zeit.** Bozen-Innsbruck 1983
Moser u.a.: **Tiroler Münzbuch.** Haymon-Verlag, Innsbruck 1984
Heinz Moser: **Die Scharfrichter von Tirol.** Steiger Verlag, Innsbruck 1982
Josef Nössing u.a.: **Geschichte Tirols.** Zur Ausstellung auf Schloß Tirol. Athesia Verlag, Bozen 1986
Ludwig Rapp: **Die Hexenprozesse und ihre Gegner in Tirol.** Verlag Weger, Brixen 1891
W. Rottleuthner: **Alte lokale und nichtmetrische Gewichte und Maße und ihre Größen nach metrischem System.** Innsbruck 1985
R. Palme u.a.: Stollen, Schächte, fahle Erze. Berenkamp Verlag, Schwaz 1993
Leo Santifaller: **Die Urkunden des Rodenegg-Archivs 1288-1340.** Schlern-Schriften, Univ. Verlag Wagner, Innsbruck 1933
Anton Schwob: **Oswald von Wolkenstein. Eine Biographie** (= Bd.4 der „Schriftenreihe des Südtiroler Kulturinstitutes"), Athesia, Bozen 1977
Anselm Sparber: **Kirchengeschichte Tirols.** Verlag Athesia, Bozen 1957
Anselm Sparber: **Aus der Geschichte der Völser Pfarrgemeinde,** Sonderdruck aus dem „Schiern", Jahrgang XI (1930) Heft 4 und 5
Friedrich von Spee: **Cautio Criminalis.** DTV, München 1986
Jakob Sprenger, Heinrich Institoris: **Der Hexenhammer.** DTV, München 1987
Helmut Stampfer: **Schloss Prösels bei Völs am Schlern.** Völs am Schlern 1982 und 1986
D. Starke: **Herrschaft und Genossenschaft im Mittelalter. Quellen und Texte zur Verfassungs- und Sozialgeschichte des deutschen Mittelalters.** E. Klett-Verlag, Stuttgart 1971
Oswald Trapp: **Tiroler Burgenbuch,** IV.Band – Eisacktal. Athesia Verlag, Bozen 1977
Böhmer, J. F., Regesta Imperii XIV. Ausgewählte Regesten des Kaiserreiches unter Maximilian I. 1493-1519. Bd. 1, Tl. 1-2: 1493–1495, bearb. von Wiesflecker, Hermann – Köln (u.a.) (1990–1993).
Hansjörg Rabanser: Hexenwahn. Haymon Verlag 2006

...und viele andere Broschüren, Fachzeitschriften und Artikel, die ich nicht alle aufzählen kann.

# Anmerkungen zum verwendeten Bildmaterial

Alle Fotos stammen vom Autor und sind in den Jahren 2012 bis 2016 aufgenommen worden.
Die Bilder mit historischem Inhalt stammen aus Wikipedia/der Wikimedia-Community. Insofern sind alle Bilder gemeinfrei. Zur Gewährleistung und Nachvollziehbarkeit der Quellenbezüge und der Urheberstandorte wird jeweils der entsprechende Link auf die Download-Seite angeführt. Ich danke den Bildautoren und Bildautorinnen, allen denen, die die Bilder ins Netz gestellt haben sowie der Community, die das Wikipedia-Projekt betreibt, ganz herzlich.

**Bildquellen:**
**Universum**
 http://upload.wikimedia.org/wikipedia/commons/0/06/Universum.jpg
 By Heikenwaelder Hugo, Austria, Email : heikenwaelder@aon.at, www.heikenwaelder.at [CC-BY-SA-2.5 (http://creativecommons.org/licenses/by-sa/2.5)], via Wikimedia Commons
**Schwäbischer Bund – Schweizerkrieg 1499**
 http://upload.wikimedia.org/wikipedia/commons/9/93/Schw%C3%A4bischer_Bund_Luzerner_Schilling.jpg
**Hans Schäuffelin: Theuerdank**
 https://commons.wikimedia.org/wiki/File%3ATheuerdank.039.jpg
**Theuerdank 1519**
 http://commons.wikimedia.org/wiki/File:Theuerdank.1519.jpg
**Maximilians Familie**
 http://commons.wikimedia.org/wiki/File%3ABernhard_Strigel_003b.jpg
**Dominikanerkirche Bozen – Johanneskapelle**
 http://upload.wikimedia.org/wikipedia/commons/e/ef/Bolzano%2C_Chiesa_dei_Domenicani%2C_Cappella_di_San_Giovanni_004.JPG
**Doge Agostino Barbarigo**
 http://upload.wikimedia.org/wikipedia/commons/3/34/Basaiti_Portrait_of_Doge_Agostino_Barbarigo.jpg
**Zehent**
 http://upload.wikimedia.org/wikipedia/commons/d/d1/Zehent.jpg
**Bauern bezahlen ihren Zehnten**
 http://upload.wikimedia.org/wikipedia/commons/d/d1/Zehent.jpg
**Guldiner des Sigismund von Tirol**
 http://upload.wikimedia.org/wikipedia/commons/9/9b/Guildiner_661828.jpg
**Münzschläger**
 https://upload.wikimedia.org/wikipedia/commons/f/f7/Muenzschlaeger_228364963.jpg

**Tirol, Kaiser Maximilian I., Taler, Hall**
  http://upload.wikimedia.org/wikipedia/commons/a/a1/M%C3%BCnze_Kaiser_Maximilian_I.jpg
**Malleus Maleficarum**
  http://commons.wikimedia.org/wiki/File:Malleus_1669.jpg
**Hinrichtung von drei Hexen**
  http://commons.wikimedia.org/wiki/File:Wickiana6.jpg
**Hexensabbat**
  http://upload.wikimedia.org/wikipedia/commons/3/39/Wickiana2.jpg?uselang=de
**Hinrichtung von drei Frauen als Hexen auf dem Feuer**
  http://commons.wikimedia.org/wiki/File:Wickiana1.jpg
**Aufziehen**
  http://upload.wikimedia.org/wikipedia/commons/f/fe/Wickiana4.jpg?uselang=de
**Daumenschrauben**
  http://upload.wikimedia.org/wikipedia/commons/c/c6/16XX_Daumenschraube_anagoria.JPG
**Helmschau**
  http://upload.wikimedia.org/wikipedia/commons/1/1c/Complete_Guide_to_Heraldry_Fig012.jpg. By Arthur Charles Fox-Davies
**Bauernaufstand**
  http://commons.wikimedia.org/wiki/File:Bauernaufstand.jpg
**Die zwölf Artikel der Bauern – Aufstand 1525**
  http://commons.wikimedia.org/wiki/File:Titelblatt_12_Artikel.jpg
**Belagerung der Stadt Wien. Völser Dorfbuch S. 267**
**Münze mit Leonhard d.J. Völser Dorfbuch S. 259**
**Detail aus der Belagerung der Stadt Wien. Völser Dorfbuch S. 267**

Die Abbildung der ersten Seite der Urgicht der Anna Miolerin (das Original befindet sich in der Sammlung „Dipauliana" [DIP 1226 V Fol 15r], wurde mir freundlicherweise zur Verfügung gestellt von Dr. Hansjörg Rabanser.

Alle Darstellungen von Siegeln und historischen Schriftstücken verdanke ich der freundlichen Genehmigung von Dr. Theobald Innerhofer, dem 2012 zum großen Bedauern der Fachwelt und der vielen Freunde in Folge eines Krebsleidens viel zu früh verstorbenen Dekan und Archivar von Kloster Neustift. Ich durfte viele Stunden bei ihm im Archiv forschen und bekam wertvolle Einblicke ins Handwerk der historischen Recherche. Danke, Herr Theobald. Wir werden Sie und Ihren unschätzbaren Beitrag zur Tiroler Geschichte nie vergessen.

*Burgtor mit Torraum vom Zwinger aus gesehen*

## Elmar Perkmann

...geboren 1948 in Völs am Schlern, Südtirol, Italien studierte Literaturwissenschaften (Doktorarbeit über den Schweizer Autor Max Frisch), dann Psychologie und Psychopathologie in Salzburg. Arbeit in einer Sozialtherapeutischen Jugendwohngemeinschaft in Salzburg, dann seit 1982 bis 2015 Lehrer für Deutsch, Geschichte und Erdkunde an der Mittelschule in Kastelruth. Autor u.a. der Gedenkschrift über die Völser Hexenprozesse im Gedenkjahr 2006 im Auftrag der Gemeinde Völs.
Weitere Arbeiten unter: www.elmar-perkmann.eu